Zafer Şenocak

Das Fremde, das in jedem wohnt

Zafer Şenocak

Das Fremde, das in jedem wohnt

Wie Unterschiede unsere Gesellschaft zusammenhalten

Edition Körber

Mehr Bäume.
Weniger CO_2.
www.cpibooks.de/klimaneutral

MIX
Papier aus verantwortungsvollen Quellen
FSC
www.fsc.org
FSC® C083411

Bibliografische Information der Deutschen Nationalbibliothek

Die Deutsche Nationalbibliothek verzeichnet diese Publikation in der Deutschen Nationalbibliografie; detaillierte bibliografische Daten sind im Internet unter http://dnb.d-nb.de abrufbar.

Umschlag: Groothuis. www.groothuis.de
Coverillustration: Ralf Nietmann | www.ralfnietmann.de
Herstellung: Das Herstellungsbüro, Hamburg |
www.buch-herstellungsbuero.de
Druck und Bindung: CPI – Clausen & Bosse, Leck
Printed in Germany

ISBN 978-3-89684-267-1

www.edition-koerber.de

Wenn ein Fremdling bei euch wohnt in eurem Lande, den sollt ihr nicht bedrücken. Er soll bei euch wohnen wie ein Einheimischer unter euch, und du sollst ihn lieben wie dich selbst; denn ihr seid auch Fremdlinge gewesen in Ägyptenland.

Das Alte Testament, 3. Mose, 19/34

Meiner Mutter Emine Şenocak

Inhalt

Familienspuren 9

Du klingst anders! • Bei Verwandten • Spiel und Identität • Feine Unterschiede • Vorbilder • Respekt und Autobiografie • Von Angora nach Ankara • Der Koran und die Wehrmacht • Fromm und skeptisch? • Wer wandert, begegnet einander

Meine Sprache – eure Sprache 65

Die dritte Sprache des Übersetzers • Einbahnstraße Sprache • Zwei Sprachen, zwei Stimmen • Fragmente des Übersetzers • Schrift und Reform • Unter den Wurzeln – ein Boden

Paris – Schiraz 95

Poesie der Übersetzung • Der Apfel der Dichter • Steine, die blühen • Dichter sind Nomaden • Woher das Schreiben kommt • Meine Lesesommer am Bosporus • Zwischen den Moscheen • Geheimnisse des Schreibens

Herkunftssplitter 128

Das andere Buch • Das andere Land • Herkunftsspalt • Lesehunger • Der Bücherbus • Einbürgern • Zukunft und Geschlecht • Vom Gespräch auf der Ausländerbehörde • Die ewige Passfrage • Ich nenne sie Freunde • Zweisein

Heimatspuren 142

Klänge und Assoziationen • Sinn und Widerspruch • Gruppenbild mit Fremden • Die Gegenwelt • Landpartie oder »Die Haut musst du schützen!« • An der Grenze I • An der Grenze II • Fremdglauben • Von Provinz zu Provinz • Politik zwischen Tradition und Folklore • Unsere Seidenstraße • Kirchenglocken in Istanbul • Der Sommer mit Tom Jones • Herkunft ist auch Politik

Migration – Wege ins Freie 188

Verkehrte Gesten, falsche Migranten • Leere Archive – verlorene Briefe • Wie und von wem lernen? • Geist, Gesicht und Herkunft • Denkt an den Körper! • Wer sind wir? • J für Jude, Y für Yahudi • Halbe Sachen oder mehr als das Ganze • Ein Geburtstagsgruß • Epilog oder Was dem Redner einfällt

Familienspuren

Du klingst anders!

Ich bin mit dem Fremden immer in Berührung gewesen. Diese Berührung spielte sich in meinem Ohr ab und hatte mit Sprache zu tun. Ihr Geheimnis, das diese Berührung zu etwas Besonderem machte, steckte in meinem Namen, in dessen Klang.

Das Ohr ist nicht nur ein Gleichgewichtsorgan. Es ist auch die Zentrale der Verständigung. Die Klänge, die das Leben ausmachen, werden mit dem Gehirn verbunden. So entstehen Sprache und Verständigung. Der andere, abweichende Klang ist immer ein Ausdruck der Fremde. Der Zungenschlag wurzelt im Ohr. Das Ohr ist ein bedeutendes Identitätsorgan.

Der Klang lässt aber auch Bilder entstehen, Landschaften, die einem fremd oder vertraut vorkommen können. Bilder, die uns täuschen oder heimfinden lassen.

Der Andere hatte sich meines Namens bemächtigt und ließ ihn in meinen Ohren anders erklingen. Denn mein Rufname wurde unterschiedlich ausgesprochen. Zafer hört sich auf Türkisch in etwa so an, wie man *Safer* auf Deutsch aussprechen würde. So riefen mich meine Eltern, und meine Welt war in Ordnung. Aussprache und Hörerlebnis befanden sich im Einklang.

Doch schon in der Familie meines Vaters stand ich dem Anderen gegenüber, der einen anderen Zungenschlag hatte. *Saafer* rief mich meine Tante, die ich wegen ihrer bunten Kleider besonders mochte. Sie hatte fünf Kinder und wohnte in einem Vorort Istanbuls mit vielen Neubauten. Eine Generation zuvor hatte hier niemand gelebt. Auf den Feldern erntete man Gemüse und versorgte mit ihnen die nahe Großstadt. Immer noch gab es zwischen den Gebäuden freie Grundstücke mit allerlei unbekanntem Getier. Die Anderen in der Familie meines Vaters zogen hierher und machten es meiner Tante nach, riefen mich also *Saafer,* mit einer betont verlängerten ersten Silbe. Sie waren zahlreich und immer sehr laut. Wenn wir aus der Stadt hinausfuhren, erwartete mich immer der Andere, der, der *Saafer* hieß.

Nur mein Vater blieb bei *Safer.* So als gehörte er nicht zu der Familie, aus der er stammte. Vielleicht wollte er auch nur meine Identität festigen, die sich von der seiner Verwandtschaft unterschied. Sein Türkisch war gespickt mit vielen ausgefallenen Wörtern. Ein Mann der reichen Sprache. Die Sprache, vielmehr die gemeinsame Aussprache, machte mir meine Eltern nicht nur zu geliebten Menschen, sondern auch zu Komplizen. Ich hatte immer das Gefühl, dass wir zusammengehörten. Die Sprache hatte enge Bande zwischen uns geknüpft.

Meine Eltern hatten selbstverständlich die eigentliche Autorität über meinen Namen. Schließlich hatten sie mir diesen gegeben. Ich hatte keine Wahl, oder? Wie hätte ich diesen Namen ablegen können? Ich wollte das ja auch nicht. Warum sollte ich also eine Abweichung des Klangs akzeptieren? *Safer* war die Norm, das Normale, das Übliche und *Saafer* die Abweichung. Wenn das so war, was bedeutete dann dieser Unterschied? War ich in der Abweichung ein anderer Mensch als in der Norm? Das doppelte »a« meiner Verwandten aus Ostanatolien erschien mir fremd, aber auch schön. Mit ihm klang mein Name, somit auch ein Teil meiner selbst, für meine Ohren anders. Aber meine Verwandten machten sich dadurch auch zu Fremden. Sie hatten eine lange Strecke zurückgelegt, um zu uns zu stoßen. Fast zweitausend Kilometer lag der Ort entfernt, aus dem mein Vater stammte. Ein schon durch seine imposante Entfernung reizvoller Punkt auf der Landkarte.

Diese fremden Verwandten waren in unser Leben eingedrungen. Sie hatten begonnen, uns zu bedrängen. Aus glücklicheren Zeiten gab es ein paar Postkarten mit Festtagswünschen, Fotos von neugeborenen Kindern. Nichts, was ich mir hätte konkret vorstellen können. Schon gar nicht etwas, was in mein Ohr drang.

Doch mittlerweile hatte ich das Gefühl, als würden mir die Verwandten fehlen, wenn es sie nicht gäbe. Wenn sie meinen Namen riefen, klang er kräftiger, bodenständiger als üblich. So als würde der Doppellaut mich stärker an den Ausrufenden binden. Er drückte einen anderen Zafer aus, der mir geheimnisvoll erschien. Ich wollte ihn verstecken und für mich behalten, aber meine Verwandten waren laut und machten sich überall bemerkbar. Tatsächlich waren sie mir mit ihrem Gehabe deutlich fremder als die zahlenmäßig überschaubare Familie meiner Mutter. In großen hellen Wohnungen wohnten sie und hatten diese mit Erbstücken möbliert, alten Uhren, Schränken, Sesseln. Elegant waren sie, wenn sie sich zeigten, und dufteten immer nach Parfum. Meine Tanten väterlicherseits aber rochen nach Börek und gestikulierten wild, wenn sie sprachen. Ihre Wohnungen waren vollgestellt mit neuen Möbeln, die so wirkten, als hätte man sie noch nicht benutzt. In dieser Familie gab es weniger Etikette und Verunsicherung. Niemand war schüchtern, obwohl ihre ganze Umgebung für sie eine große undurchdringliche Fremde war, die sie nicht akzeptieren würde. Ihre Erinnerungen waren hier nicht zu Hause.

»Hauptsache, die Kinder bleiben hier keine Fremden«, pflegte meine Tante zu sagen. »Sie sind ja auch nicht mehr zu Hause, da, wo wir herkommen.« In den Sätzen meiner Tante waren wieder diese langen Vokale. Sie klangen dadurch bestimmter und langlebiger. Niemand würde ihr widersprechen wollen, schon gar nicht jemand wie meine Mutter, die ihre Stimme nicht erhob. Meine Tante liebte also Vokale. Das kam mir jedenfalls so vor, denn sie kostete sie aus, doppelte sie, machte sie wichtig. Durch sie entdeckte ich ihre erotische Anziehungskraft. Die Vokale haben Farben. Das Lautmalerische der Sprache wohnt in ihnen. Das Ohr ist auch ein Lustorgan. Es lässt die Stimmen zu Körpern werden, zu Körpern, die Sehnsucht haben, die begehren, die auskosten. So etwas ahnt jedes Kind, auch wenn es noch keine deutliche Vorstellung vom Begehren hat. In der Sprache versteckt sich die Keimzelle unseres Begehrens, und diese macht uns zu dem, der wir sind.

Mein »Anderer« bekam eine Zwillingsschwester, als ich nach Bayern kam. Ich müsste eigentlich sagen, er bekam einen Bruder, aber in Deutschland erschien mir alles Fremde weiblich. Ich war acht Jahre alt und hieß plötzlich *Xaver*. Jungs in Lederhosen nannten mich so. Sie traten mir breitbeinig entgegen. *Xaver* war ein männlicher Name, aber sein Klang war für mich so fremd, dass er mir so unbekannt erschien wie das andere Geschlecht. Ich fühlte mich den Mädchen näher, die mich stillschweigend musterten. Mit der Zeit geriet *Saafer* in Vergessenheit, und *Xaver* bemächtigte sich meiner Existenz. Dagegen konnte auch mein Elternhaus nichts ausrichten. Vater und Mutter blieben bei *Safer*, und das Glück in unserer kleinen Familie blieb unangetastet. Ich stelle mir heute vor, wie es gewesen wäre, hätte man einen Krieg um die Aussprache geführt, *Saafer* ständig korrigiert, sich kritisch mit *Xaver* auseinandergesetzt. Mein Körper wäre aufgeteilt worden, wie ein besetztes Land. Schrecklicher Gedanke, ein Bürgerkrieg um den eigenen Namen. Aber nichts dergleichen geschah, wäre damals irgendjemandem in den Sinn gekommen. Ich blieb immer der Gleiche, egal ob ich *Safer*, *Saafer* oder *Xaver* gerufen wurde. Meine alltägliche Dreieinigkeit.

Doch die Welten, die hinter den Namen standen, die sie aussprachen, blieben einander fremd. Das war ihr Reiz. So schützten sie ihre Gerüche und Farben. Sie wollten nicht zusammengehen und mussten es auch nicht.

Ich versteckte sie gerne voreinander. Denn ich merkte, dass sie sich argwöhnisch beäugten. Früh lernte ich, dass Argwohn in Ruhe gelassen werden muss. Denn er ist wie eine Wunde, die sich nur notdürftig schließt, wenn man ihn vertieft.

Ich war gerne der Andere. »Je est un autre!« Ich ist ein Anderer! Dieser Satz des französischen Dichters Arthur Rimbaud ließ mich erschaudern, als ich ihn das erste Mal las. Er wurde zu meinem Mantra, zum ersten und zum letzten in meinem Leben. Ein Leben verträgt nicht mehr als einen einzigen so mächtigen Satz. Nicht mehr als ein Auflehnen gegen dieses Gesamtpaket ICH. Eine Erwartung des Widerspruchs. Eine Akzeptanz der inneren Zerrissenheit. Wundversorgung lebenslang. Wäre die andere Welt nicht gewesen, wäre ich ärmer. Wäre der Andere nicht auf der Welt, mir so nah, verwachsen mit meinen Atemzügen, wäre ich nicht vom Fleck gekommen. Das Verlassen der eigenen Grenzen versprach die Überwindung einer Enge. Eine neue Sprache beschrieb die Umgebung und veränderte sie. Der Blick und die Stimme korrespondierten ungewohnt. Was Rimbaud als ausschweifende Sinnlichkeit der Poesie beschrieben hatte, war für mich eine neue Form der Wahrnehmung, mit der ich die Grenzen zwischen Vater und Mutter, Türkei und Deutschland, München und Berlin, Türkisch und Deutsch, Glauben und Skepsis zu überschreiten versuchte. Ich tauchte in das jeweilige Anderssein ein und empfand es fast schon ekstatisch als Teil meiner Identität. Fantasie und Erkenntnis sind schier unbegrenzt, wenn Unterschiede vertieft werden.

Diese Unterschiede kommen in Berührung und wachsen zu einem neuen komplexen Ganzen.

So nahm ich immer Reisen wahr. Kaum hatte ich Abschied genommen vom Stützpunkt meines Lebens, erschien dieser in einem anderen Licht. Dieses andere Licht war schon ein Teil der neu zu entdeckenden Welt. Reisen ließ mich erst nach Heimat suchen. Heimatlos ist nur jener, der nie Sehnsucht hatte. Waren die deutschen Romantiker nicht große Sehnsüchtige gewesen? Die unzugängliche Welt, unüberwindbare Distanzen mögen körperfeindlich sein. Doch für Ideen ist Tiefe und Weite nicht nur Ansporn und Sehnsucht. Durch die Erweiterung des Horizonts, die Entgrenzung der Vorstellungskraft lassen sich Ideen bewegen. In ihnen kann man sich einrichten mit den Klängen eines fremden Namens. Nirgendwo sind Begriffe wie Heimat und Welt so sehr ineinander verschränkt, ihre Ambivalenz so vibrierend wie in den geistigen Sphären der deutschen Romantiker. Die Grenzen der Dichterkreise waren eng gesteckt, mal Heidelberg, mal Dresden. Doch das Wort reiste aus und ein. Die Romantiker hatten Heim- und Fernweh zugleich. Da gab es einen heute gänzlich vergessenen Dresdner Dichter, Otto Heinrich Graf von Loeben, der sich den Künstlernamen Isidorus Orientalis gab. Eichendorff und Tieck gehörten zu seinen Freunden. Armin und Brentano in Berlin, Novalis' Schriften aus der Provinz. Hauffs Märchen aus dem Orient reisten ein. In der Fantasie berührten sich das Eigene und das Fremde, gerade weil sie in ihrer jeweiligen Tiefe ausgelotet wurden. In der deutschen Romantik ist der Orient nicht nur ein

Gewand. Er ist eine Tonlage, übergegangen in die Stimme, die Mundart des Sprechers. So wird Deutsch auch zu einer orientalischen Sprache. Ohne diese Sprache hätte Goethe seinen *Divan* nicht schreiben können. Aber auch Novalis nicht seine *Hymnen an die Nacht*.

Die Ergründung der christlichen Identität und die fantastischen Reisen in den Orient sind kein Widerspruch. Die verwobene Beziehung von Nähe und Ferne ist charakteristisch für das Lebensgefühl an der Schwelle zur Moderne. So formuliert Novalis zu Beginn seines Romanfragments *Heinrich von Ofterdingen*: »Der Jüngling lag unruhig auf seinem Lager, und gedachte des Fremden und seiner Erzählungen.«

Bei Verwandten

Immer wenn die Verwandten meiner Mutter zu Besuch kamen, fühlte ich Druck in mir aufsteigen. Nein, ich fürchtete mich nicht vor unangenehmen, aufdringlichen Fragen. Die Geschwister meiner Mutter waren mir immer sehr nahe. Doch ich fühlte die Fremde, die sie meinem Vater gegenüber empfanden. Dieses Fremdeln verunsicherte mich. Musste ich meinen Vater ihnen gegenüber verteidigen, oder sollte ich auf Distanz zu ihm gehen, den argwöhnischen Blick, mit dem er angeschaut wurde, übernehmen? Mein Vater aber blieb ruhig. Es hatte immer den Anschein, als bräuchte er kein Gegenüber, um zu sprechen. So kamen und gingen die Leute.

Vater als Gastgeber, die Rolle, die ich ihm zuschrieb. Er war zu Hause und empfing die Gäste. Die Verwandten meiner Mutter machten sich über seine Freunde lustig, denn sie fielen aus dem Rahmen. Sie waren einzelgängerisch. Oft waren es Junggesellen, Männer, die keine passende Frau gefunden hatten. So jedenfalls stellte ich es mir vor. Unwillkürlich schämte ich mich für meinen Vater, der den Umgang mit ihnen pflegte. Ich schämte mich für seine sonderbare Art zu sprechen, doch ich bemühte mich, diese Scham zu verbergen. In den Blicken meiner Tanten las ich so klare Aussagen wie: Werde ja nicht wie dein Vater. Aber ich blieb eine Reaktion schuldig, wurde wortkarg und suchte in meinem Inneren nach Brosamen der Liebe. Ich lehnte mich an die angenehmen Düfte, die meine Tanten ausstrahlten, um mir einen Zugang zu ihren geheimnisvollen Welten zu verschaffen. Der Duft der Frauen lockte mich hinaus in die Welt, wo die Straßen voller lebenslustiger Menschen waren. Dabei hatte ich das Gefühl, meinen Vater zu hintergehen. Denn dieser Duft führte mich in eine Welt, die er niemals betrat. Dort wurde eine andere Sprache gesprochen, seine Sprache nicht verstanden, ja verhöhnt.

Verstehst du die Sprache all dieser Bücher, die du immerzu liest? Ich stellte ihm diese Frage und deutete auf eines der Bücher, die in einer fremden Schrift, die »alte türkische Schrift« genannt wurde, geschrieben worden waren. Diese alte Schrift war auch die Schrift der Araber, der Perser und des Korans. Mein Vater nahm das Buch mit dem abgegriffenen Leineneinband in die

Hand, öffnete es und las mir vor. In den Klängen verlor ich die Bedeutung der Wörter. Ich wusste nicht mehr, wer sprach und wer zuhörte.

Bestimmt hat mich diese andere Sprache empfänglicher gemacht für Sprachwechsel, für den Austausch von Klängen, für die Übersetzung zwischen zwei Sprachen. Dann wanderten wir aus, und ich hatte neben den Sprachen mütterlicherseits und der Vatersprache noch die Fremdsprache Deutsch, die mir mit der Zeit immer näher rückte, bis sich alle drei Sprachen aufeinanderlegten und durchsichtig füreinander wurden. Auf der Zunge spalte ich diese Sprachen manchmal wieder, und sie entfalten einen unverwechselbaren Geschmack.

Sowohl diese verschiedenen Sprachen auf der Zunge als auch die zunehmende Entspannung im Verhältnis meiner beiden Herkunftsfamilien haben mich entscheidend geprägt, Vater und Mutter gingen nicht auseinander. Sie übersetzten sich. Ich konnte wieder trennen und unterscheiden, ohne zu verletzen. Die Familien wurden milde zueinander. Sie trennten sich und fanden wieder zueinander. Neugierigen Fragen wich mein Vater nicht mehr aus. Er begann, auch seine in traditioneller Form geschriebenen Gedichte vorzutragen und wurde zum Berater in wichtigen Familienangelegenheiten. Er kümmerte sich rührend um die ältere Schwester meiner Mutter, die früh verwitwet war. In der Gesellschaft aber verlief das Verhältnis der beiden Welten, der Mutterwelt und der Vaterwelt, genau entgegengesetzt. Die Grenzen wurden härter, die Kluft tiefer. Statt der Zweisprachigkeit oder der Übersetzung wurde Monolingualität gepredigt, ja vorgeschrieben. In dem neuen Land gehört es nun zum guten Ton der Identität, einsprachig zu sein.

Spiel und Identität

Früh muss ich den Unterschied zwischen dem Spielen im Freien und in der Kinderstube oder einer anderen geschützten Ecke unserer kleinen Wohnung bemerkt haben. Denn der Schutzraum »drinnen«, im Inneren des Hauses, milderte den Reiz des Spiels. Welch ein Irrtum! Draußen konnten unvorhergesehene Dinge passieren. Ja, man konnte sich schlimm verletzen, sich eine Platzwunde zuziehen, ein Knie aufschlagen. Draußen waren Fremde. Durch die Wohnungstür aber kamen nur die Bekannten. Waren sie deswegen ungefährlicher? Die Verletzungen, die sie mir hätten zufügen können, blieben unsichtbar. Ich malte sie mir als Bösewichte aus. Als jähzornige Menschen, die ihre Nähe zu mir ausnutzten, um mich in unangenehme Situationen zu versetzen. Der liebevolle Umgang meiner Eltern war eintönig geworden. Gewohnheiten, die sich nicht mehr verändern lassen. Als gehörten sie einfach nur zum langweiligen Sonntagsritual, ein ausgedehntes Frühstück, die Spaziergänge ums Haus. Dagegen drängte es mich, die verletzte Stimme zu mimen. Einen Blick aufzusetzen, der Schmerz ausdrückt oder wehtut. Verwandtenschmerz.

In Istanbul gab es Jungen und Mädchen, die ich immer nur draußen sah. Sie hatten, so glaubte ich damals, kein Zuhause. Ich beneidete sie darum. Denn keine Wohnung zu haben, hieß auch, ohne Grenzen zu sein. Ich beobachtete sie aus sicherer Entfernung, vom Balkon unserer Wohnung im dritten Stock, dessen Brüstung aus engmaschig vergitterten Eisenstäben bestand und mir zwar genug Sicht ließ, mich dabei aber fast gänzlich verbarg. Ich war ein behütetes Balkonkind gewesen, bevor ich nach Deutschland abflog, an einem kalten, nebligen Novembertag. Niemand dürfte mich vermisst haben.

In der Kälte des deutschen Winters wurde der großräumige, spärlich möblierte Salon der Neubauwohnung, die wir bezogen, zu einem Spielplatz ohne Charme. Nichts ließ sich hier verstecken. Da entdeckte ich die deutsche Sprache als eine Art Räuberhöhle, in die ich die mühsam ergatterten Wörter stapelte. Ich versteckte mein Diebesgut vor allen anderen. Das war nicht schwer, denn die Fremdwörter bleiben immer unsichtbar. Manchmal aber kamen sie hinter den Gardinen hervor und schütteten sich aus. Ich holte mir ein Wort aus dem Haufen und ließ es auf meiner Nase tanzen. Es begann zu sprechen, es fragte mich aus und beantwortete meine Fragen. Die neue Sprache war meine Komplizin im Bekämpfen der Langeweile. Das Erlernen einer fremden Sprache ist mit dem Lüften eines Geheimnisses vergleichbar. Das Geheimnis der deutschen Sprache schien schier unerschöpflich zu sein.

Lange Zeit konnte ich Spielkameraden entbehren. Bis mich eines Tages ein Mädchen, das uns gegenüber wohnte, in einem der Bungalows mit Garten, zu sich nach Hause einlud. Sie tat dies, indem sie mich am Arm nahm und mich in die Wohnung zerrte, wortlos, als könnte ich sie nicht verstehen. Mit dem Kopf und den Augen gestikulierte sie und erschien mir auf diese Weise schöner als zuvor.

Auch danach sprachen wir kaum miteinander und verbrachten dennoch ganze Nachmittage zusammen. Sie wurde zu meinem Geheimnis und ersetzte tausend Wörter, die ich in meiner Höhle hinter den Gardinen eingesperrt hatte. Ich ließ mich von ihr einsperren. Denn wenn wir zusammen waren, blieben wir immer unter uns.

Feine Unterschiede

Man stellt sich ein intellektuelles Leben selten körperlich vor. Doch das Denken wildert im Körper. Die Gedanken bekommen Farben und korrespondieren mit den Klängen der Sprache. Das Denken schreibt sich einen Lebenstext, der atmet, riecht, sorgfältig aufgehoben werden muss, wie leicht verderbliche Nahrung. Die gedankliche Entwicklung im Leben braucht Orte zum Ankern, Orte zum Erinnern und zum Ersehnen, Sprachen zum Hinhören und Wörter zum Atmen. Wer am Meer aufwächst, hat andere Klänge im Ohr als ein Bergbauer. Der Körper eines Metallarbeiters folgt einem anderen Rhythmus als der eines Volksschullehrers. Mir wird ganz anders, wenn ich einen Film sehe, der im

Voralpenland spielt. Plötzlich rieche ich, was ich sehe, das sattgrüne Gras, das verwitterte Holz. Meine Nase wird zum verlängerten Gedächtnis.

Ich lasse meinem Körper freien Lauf. Meine Gedanken folgen den vielen Umzügen in meinem Leben. Der Umzug von München nach Berlin im Sommer 1989 schuf Neuland und in meinem achtundzwanzigsten Lebensjahr eine wichtige Zäsur. Meine Schreibweise änderte sich. In München hatte ich vor allem Poesie geschrieben. Mein Leben drehte sich um eine lyrische Achse. In Berlin wurde mein Schreiben politischer und gesellschaftsbezogener. Ich entdeckte die Form des Essays als eine für mich passende, weil wankelmütige und zugleich reflektierende Ausdrucksweise. So wurde ich zum Wanderarbeiter zwischen den Städten und den literarischen Formen. Ich machte meinen Körper hier und da fest. Doch unversehens hatte ich mich in Gedanken verloren, die meinen Körper von seiner Halterung lösten. Gerne gab ich mich dem Vagabundensein hin. Doch immer mit einem Hinterzimmer in Gedanken, einer Wohnstatt in Berlin, die mehr Werkstatt als Wohnung ist. Dort werde ich von Wörtern bewohnt, und mein Körper öffnet und schließt sich im Rhythmus der Texte, die ich schreibe.

Wer vagabundiert, braucht ein Hinterzimmer im Kopf. Dort lagern die Bestände seiner Herkunft, seines erinnerten oder in der Vergangenheit fantasierten Lebens, sei es auch nur ein einziger Stein heimatlicher Erde, die die Großeltern verlassen haben, um in der Fremde ihr Brot zu verdienen.

Wenn ich Menschen in Deutschland begegne, die in der dritten oder vierten Generation in diesem Land leben, fällt mir auf, wie die wenigsten unter ihnen noch irgendeinen Fetzen besitzen, der sie an ihre Herkunft erinnert. Es sieht für mich so aus, als wäre ihnen nicht nur die urmütterliche Sprache genommen worden, sondern jeglicher Gegenstand, der zur Erinnerung Anlass geben könnte. Sie besitzen keinen Gedenkstein mehr. Ich bilde mir ein, ihren Körpern diesen Verlust ansehen zu können. Oft sind es zerbrechliche Körper, versteckt in dicker Schutzhaut. Die Haut klingt nach Metall. Berührte man das Herz, löschte man die Person aus. Das Herz hört nichts mehr. Kann man sich schützen, wenn man sich die Wege zum Herzen verbaut?

Verständigung unter Migranten heißt, sich gegenseitig Deckung zu geben. Darunter leiden die freie Sicht und die Freiheit der persönlichen Entfaltung. Man lebt oft ohne Zentrum, aber der Radius, den man ausschreiten kann, ist begrenzt. Es gibt zu viele Attrappen, die als Hinweisschilder aufgestellt sind. Hinweise auf die Herkunft, auf den Platz in der Gesellschaft. An der Stelle des zerbröckelten Herzens stehen Neubauten, die immer leer bleiben, auch wenn eine ganze Familie einzieht. Denn längst übertragen die Gedanken die Leere der Räume in den Körper. Jeder von uns hört sein Echo. Meine Sprache ist der Widerhall meiner Gegenwart. Sie richtet sich an mich selbst, erreicht kein Gegenüber mehr. Wenn du sprichst, verdoppelst du deine Einsamkeit.

Mach dein Herz winterfest, bevor du in die Fremde gehst, heißt es in einem alten kaukasischen Spruch.

Die Argonauten wussten alles besser. Sie hatten es mit Sprachküsten zu tun, die uns bis heute anregen und herausfordern. Mir kommt es so vor, als hätten sie unsere Leiden erfunden. Alles, was auf der attischen Halbinsel nicht geheilt werden konnte, brach in den Norden auf, überquerte hohe Berge und das große dunkle Meer. So emigrierten die Leiden, für die bis heute kein Heilmittel gefunden worden ist.

Vorbilder

Ich wurde von meinen Altersgenossen beneidet, als ich mit meinen Eltern nach Deutschland zog. Im neunten Lebensjahr gibt es für einen Jungen kaum etwas Wichtigeres als Fußball. Das ist heute so und war 1970 erst recht nicht anders. Gerade in Deutschland angekommen, stand die Weltmeisterschaft in Mexiko auf dem Programm. Unvergesslich die Spiele der deutschen Nationalmannschaft. Viertelfinale gegen England, Halbfinale gegen Italien, knappe Spiele, mit Toren in letzter Minute. Ich verfolgte diese Spiele live in einem kleinen oberbayerischen Ort, auf einem Farbfernseher, der unserer Wirtin gehörte. In der Türkei gab es damals noch gar keine Fernsehsendungen. Ich hatte in den Ferien bei meiner Rückkehr in die Türkei viel zu erzählen.

Einer meiner Freunde wollte wissen, ob ich schon so viel Deutsch sprechen konnte, dass ich den *Kicker* zu lesen im Stande war. Kicker? Ich zuckte mit den Achseln.

Ich wollte nicht zugeben, dass ich im Deutschen mehr oder weniger noch Analphabet war. Ein Analphabet im neunten Lebensjahr. Ich zog ja nicht einfach nur nach Deutschland. Mein Vater, der nichts von Fußball hielt, hatte sicherlich unbewusst und dennoch zielsicher die Stadt München als unseren neuen Wohnort ausgewählt. München! Diese Stadt lag in Bayern, und Bayern und München kombiniert, reiste ich also zu Bayern München aus. Ein Club, der schon damals in der Türkei sehr populär war. Ein Grund für mich, mit ihm zu fremdeln. Keiner meiner türkischen Freunde konnte meine Begeisterung für 1860 München oder den 1. FC Köln teilen. Doch ich wollte mich von meinen Freunden in der Türkei unterscheiden. Ich wollte eine gewisse Distanz zu ihnen aufbauen. Dies konnte nur geschehen, indem ich ihre Begeisterung für den FC Bayern München nicht teilte. Heute kann ich zugeben, dass ich insgeheim stolz darauf war, in jene Stadt zu ziehen, in der dieser Club spielte und überhaupt nach Deutschland, in das Land von Beckenbauer & Co. Fast fünfzig Jahre sind vergangen. In Deutschland geborene türkische Jugendliche drängen in die deutsche Fußballnationalmannschaft. Sogar im deutschen Eishockeyteam kann man einen türkischen Namen lesen. Eishockey ist ein Sport, den es in der Türkei nicht gibt.

Einer dieser türkischen Namen, der als deutscher Fußballnationalspieler bekannt geworden ist, hat eine besondere Stellung errungen, als Regisseur des deutschen Spiels, als kreativer, unersetzbarer Spieler in der Aufstellung des Weltmeisters: Mesut Özil. Neulich gestattete der hochdotierte Fußballer der Presse einen Einblick in seinen Alltag.

Dabei zog ein üppiges Porträtbild große Aufmerksamkeit auf sich. In der Londoner Villa des deutschen Fußballnationalspielers Mesut Özil hängt das lebensgroße Porträt eines osmanischen Sultans. Es handelt sich um Selim III., der Ende des 18. Jahrhunderts die ersten großen modernistischen Reformen im Osmanischen Reich eingeleitet hatte. Özil aber glaubt, dass es Mehmet II., der Eroberer von Istanbul, ist, dessen Bildnis er da an seiner Wand aufgehängt hat. Jedenfalls hat er das vor laufender Kamera so behauptet, und den türkischen Zeitungen war diese Verwechslung eine Nachricht wert. Hinter dieser kleinen Geschichte steckt aber tatsächlich eine größere, bedeutendere Erzählung, eine, die Erwartungen weckt, Zuordnungen und Identität schafft oder auch enttäuscht.

Teile der deutschen Öffentlichkeit erwarten, dass der Zuwanderersohn Özil als Teil der deutschen Nationalmannschaft öffentlich das deutsche Lied mitsingt. Schließlich geht es um Zugehörigkeit. Dazu gehören aber auch Emotionen. Emotionen werden in der Intimsphäre erschaffen und strukturiert. Sie können öffentlich ausgelebt werden oder auch nicht. Özil beruft sich stolz auf die türkische Geschichte. Sie bestimmt seine Fantasiewelt. Dabei kommt es nicht auf historische Genauigkeit an, sondern auf die Bilder im eigenen Kopf.

Die Geschichte, die hier erzählt wird, ist mehrfach gebrochen. Ein deutscher Nationalspieler, der sein Brot in London verdient, hängt einen osmanischen Sultan an die Wand und präsentiert ihn voller Stolz Kameras, die seine privaten Gemächer filmen dürfen. Dabei verweist er auf die angeblichen Verdienste dieses Herrschers, die Eroberung von Istanbul 1453. Nun weiß jeder Türke, wie der Eroberer aussieht und dass der porträtierte definitiv nicht Mehmet II. ist.

Ist der in Deutschland geborene Nachfahre von Türken etwa nicht ein Erfolgsmodell für die Integration, wie mancher sie haben will? Er hat wenig bis gar keine Ahnung von der Geschichte seiner Vorfahren. Das hält ihn aber nicht davon ab, sich auf diese Geschichte zu berufen. Für die türkische Presse dagegen wird hier nicht einfach nur ein Unwissen offenbart, sondern die Geradlinigkeit der Geschichte verletzt. Der Eroberer wird ausgetauscht gegen einen Reformer.

Ist der Reformer aber nicht der eigentliche Held? Der Eroberer dagegen ein Schreckgespenst bis in unsere Tage? Zumindest für alle, die in einer modernen Welt friedlich zusammenleben wollen. Anscheinend nicht für einen in Deutschland geborenen jungen Fußballer, genauso wenig wie für die vielen Anhänger einer Wiedererweckung des Osmanentums in der gegenwärtigen türkischen Politik.

In der Sehnsucht nach einer starken ungebrochenen reinen Identität steckt viel Energie. Sie biegt Erzählungen zurecht, bringt Unvereinbares zusammen, ist eigentlich die Ursprungsquelle einer heterogenen Überlieferung, die jede Art von Widerspruch in sich birgt. Der Zeitgeist aber duldet keine Widersprüche. Er sehnt sich nach der einfachen, linearen Geschichte. Die Geschichte als Märchen und Legende, mit vorgegebenem Anfang und Ende, mit Gut und Böse. Die Tradition wird weitergegeben. Sie ist gottgewollt und nicht hinterfragbar.

Vielleicht sind historische Bezüge für Kinder von Migranten einfach nur Märchen. Schließlich spielt sich ihre Kindheit ja fern ihrer ursprünglichen Heimat ab. Geschichten aus dieser fernen Heimat können leicht Märchencharakter annehmen. Auch das Verhältnis zur eigenen Religion lässt sich vor allem durch Kindheitserfahrungen und Erinnerungen definieren. In der Kindheit steckt eben auch Zusammenhalt. Fäden werden in ihr geflochten, die sich durch das ganze Leben ziehen.

Ich erinnere mich an dieses Foto, das Özil vor der Kaaba in Mekka zeigt, im weißen Pilgertuch. Dieses Foto zog tatsächlich nicht nur Lob, sondern auch eine Reihe kritischer Kommentare und Bewertungen nach sich.

Warum irritiert ein gläubiger Mesut Özil, der nach Mekka pilgert, Teile der deutschen Öffentlichkeit? Ein deutscher Fußballweltmeister, der zugleich gläubiger Muslim und ein Mekka-Pilger ist, ruft in unserer aufgeregten Zeit sofort Islamdebatten hervor. Das alles offenbart nur die Unsicherheiten in unserer Gesellschaft.

In seiner Autobiografie *Die Magie des Spiels* äußert sich der Fußballer zu diesem Ereignis. »In meiner Kindheit habe ich ständig von Mekka und der Kaaba gehört. Zuhause bei meinen Eltern und insbesondere während unserer Besuche in der Moschee … Es war mir ein Bedürfnis, diesen Ort einmal in meinem Leben zu besuchen. Ihn einmal selbst zu erleben. Ihn zu sehen und alle Eindrücke dort aufzusaugen.«

Wir müssen begreifen, dass wir mit Islamdebatten und Fragestellungen wie »Gehört der Islam zu Deutschland?« auch in die Kindheit von Menschen in Deutschland eingreifen, also auch über Erinnerungen und Gefühle sprechen, die vielen Menschen wichtig sind und einen nicht unbedeutenden Anteil an ihrem Selbstwertgefühl haben.

Ich möchte diese Kindheits- und Märchenebene nicht einfach nur verwerfen oder meinen moralischen oder auch nur gesellschaftspolitisch motivierten Zeigefinger gegen sie erheben. Denn wer in der neuen Heimat Halt finden will, braucht manchmal Märchen und Legenden, die ihm Wege in seine Herkunft weisen. Problematisch werden Legenden erst, wenn sie sich als historische Gewissheiten ausgeben und zu ideologischen Standpunkten verhärten. Dann sind sie meistens Folge eines verletzten Stolzes. Es gibt eine Gratwanderung, eine sehr dünne Linie zwischen der Legendenbildung als Identitätsnahrung und der bitter erfahrenen Zurückweisung von eingebildeten Geschichten durch Dokumente und Fakten.

Als Autor ist es immer wieder mein Anliegen, Gewissheiten zu hinterfragen, den Blick auf diese perspektivisch zu brechen, um das Prisma des Lebens in seiner Vielfalt abzubilden.

In meiner eigenen Familiengeschichte scheitert der Anspruch auf lineare Gewissheiten genauso wie in den Geschichten vieler türkischer Familien. Vielleicht war die Großmutter eine Armenierin, die ihre Identität verleugnen musste, um im Anatolien des 20. Jahrhunderts zu überleben. Oder es steht Thessaloniki im Stammbaum der Familie oder Aleppo oder Beirut. Die Türkei auf anatolischem Boden ist ein Territorium der Vertreibungen und Identitätsbrüche. Nicht weniger als Deutschland mit seinen vielen Nachfahren von Vertriebenen. Anatolien ist nach vielen Jahrhunderten der friedlichen Koexistenz von Völkern und Religionen im 20. Jahrhundert zu einem Boden geworden, auf dem besonders viel Blut vergossen worden ist. Eines meiner Lieblingsbücher in meiner Kindheit war ein populäres historisches Werk über die Biografien der osmanischen Sultane. Scharfrichter mit öligem Strick in der Hand, üppige Haremsszenen illustrierten das Buch und stachelten meine Fantasie an. Um an etwas Entsprechendes in meiner deutschen Welt zu stoßen, musste ich bis zum Auftritt Winnetous warten. Mein Lieblingsheld auf Deutsch war ein Indianer aus Nordamerika, entsprungen der Fantasie eines deutschen Schriftstellers im ausgehenden 19. Jahrhundert.

Ich hatte immer das Gefühl, dass die Türkei ihren Menschen mehr Heimat zu bieten hatte als das traumatisierte Deutschland. Man wurde dort nicht nur beneidet, sondern auch bemitleidet, weil man das Land verlassen hatte, um im Ausland zu leben. Deutsche aber, so glaubte ich damals zu wissen, wanderten gerne aus. Sogar bis nach Amerika. Schließlich waren die Menschen in meinem Umfeld immer auf Reisen, wenn sie über freie Zeit verfügten.

Die Türken wurden nicht müde, von ihrer Geschichte zu erzählen, *wir* hieß es dann, als hätte man das alles höchstpersönlich erlebt, *wir* hatten Belgrad erobert, oder *wir* mussten Griechenland aufgeben. Die Deutschen hatten auch viel erobert und aufgegeben, zumindest belegen dies historische Karten. Aber hierzulande sprach keiner davon und schon gar nicht von einem *wir*. Jedenfalls nicht in meiner Umgebung. Die Deutschen in der Geschichte schienen den Deutschen von heute fremd zu sein. Sie erschienen mir im eigenen Land wie Auswanderer. Sie hatten, wie wir, etwas zurückgelassen. Ich aber hatte mein historisches Sultansbuch, Özil sein Sultansporträt, wenn auch von dem falschen. Und immerhin die Kaaba und das Pilgertuch. Wir waren nicht heimatlos, von wegen. Wir waren stolze Türken. Ich bis zu meinem 16. Lebensjahr, Özil wahrscheinlich heute noch. Mit 16 traf ich zum ersten Mal auf einen Kurden, der in meinen Augen jedoch ein Türke war. Was mich aber erstaunte, war, dass er diese für mich völlig selbstverständliche Tatsache, nämlich ein Türke zu sein, vehement leugnete.

»Wo kommst du denn her?«

»Meine Eltern stammen aus Muş. Mich hat meine Mutter unterwegs geboren, weiß nicht genau, wo.«

»Und warum sprichst du nicht Türkisch? Du verstehst mich doch, wenn ich dich auf Türkisch anspreche, oder?«

»Wir sind hier in Deutschland, wir sprechen hier Deutsch.«

»Wir? Wer ist wir? Du und ich?«

»Wir haben nur eine gemeinsame Sprache, das ist Deutsch.«

»Was ist mit Türkisch?« An diesem Tag war ich irgendwie hartnäckig, aber ich wollte das Geheimnis dieses Kameraden lüften.

»Zaza, meine Muttersprache ist Zaza.«

»Zaza?« Ein Wort, das ich nicht kannte. Ich schwieg.

»Bist du Muslim?«, fragte ich nach.

Der Junge lächelte.

»Komisch, die Frage kommt immer, wenn ihr Türken nicht mehr weiterwisst. Ich bin Alevit und Kurde, wir sprechen Zaza, und deine Großväter haben meine umgebracht, einfach massakriert.«

»Wann soll das gewesen sein?«

»In den Dreißigerjahren.«

»Mann, das ist aber lange her.«

»Lange her? Was heißt das? Seit wann bestimmt der Mörder, wann eine Tat vergessen ist?«

Das war ein knallharter Punkt, der mich traf. Meine Identität war angekratzt, und es folgten viele Gespräche mit meinem Vater, der die Gräuel gegen die Kurden nicht leugnete. Dennoch wunderte ich mich darüber, dass niemand es für wichtig gehalten hatte, mit mir darüber zu sprechen. Ich fühlte mich alleingelassen und zum ersten Mal in meinem Leben heimatlos. Ich war aus meinem sorglosen Nest gefallen, und niemand war da, der mir wieder auf die Füße half. Niemand? In solchen Fällen richten sich alle Blicke auf die Mutter. Vor allem, wenn man das einzige Kind seiner Mutter ist.

Respekt und Autobiografie

Meine Mutter war keine redselige Frau. Wenn sie aber etwas sagte, klang das so, als würde sie aus einem geschriebenen Text vortragen, oftmals aus ihrer Autobiografie. In ihrer Generation bin ich vielen Frauen begegnet, die druckreif formulierten, wenn sie den gebildeten Schichten der Türkei angehörten. Meine Mutter und ihre Freundinnen kamen mir oft so vor, als wollten sie ihr Leben feierlich festhalten. Nicht in dem Sinne, dass es nicht vergehen möge, sondern als gelebtes, erfahrenes Leben, das nachwirkt. Es war ein Leben, das es vor ihnen so nicht gegeben hatte. Sie wollten Zeugnis davon ablegen für ihre Umgebung und ebenso für die Nachwelt.

Die Autobiografin sucht sich Worte, die zu ihrem Leben passen. Die Worte meiner Mutter passten zu ihr. Anhand dieser konnte ich mir ihr Leben vorstellen und die Person, die dieses Leben geführt hatte. Ihre Worte hatten eine mathematische Genauigkeit und schränkten den Raum ein, den ihre Bedeutung entfalten kann. Nein, das war keine poetische Sprache, keine, die mit Geheimnissen operierte, die meinem Vater vertraut waren. Meine Mutter hätte nie den inneren Zusammenhang von Ereignissen beschrieben oder ihre Gebete für den Alltag nutzbar gemacht.

Wohin führte mich also die Sprache meiner Mutter? Sie führte mich ins Herz einer neuen Türkei, deren Frische auch in der Sprache atmete. Die Orte, von denen sie berichtete, waren mir allesamt unbekannt. Ich musste sie auf der Landkarte suchen, und sie wurden dadurch, dass es sie wirklich gab, nicht geheimnisvoller. In Erzurum war sie zur Schule gegangen. Eine uralte Stadt, in der es jetzt Berufsschulen für Mädchen gab. Lange Zeit haben ihre Bewohner sich geweigert, ihre Töchter in diese Schulen zu schicken. Ich versuchte mir das Leben an diesen Orten vorzustellen, in einem fernen Land zu einer fernen Zeit. In der Vorstellung rückt die Zeit von einem ab. Man kann die Zeit ja nicht bewohnen. Diese andere Zeit an einem anderen Ort war ein Schlüsselerlebnis meiner Emigration aus der Türkei nach Deutschland. Ich hielt mich in München auf, wusste, welchen Tag wir gerade hatten, welches Jahr. Doch war es derselbe Tag, dieselbe Zeit in Erzurum? Ich stellte mir vor, dass in dieser Stadt noch die Seldschuken herrschten. Viele Gebäude, die ich auf Fotos sah, deuteten darauf hin und auch die Art, wie die Menschen angezogen waren. Sie trugen lange Kutten, und die Frauen hatten ihre Gesichter bedeckt. Ich gab mich Imaginationen hin. Dabei gab es viele Grenzen, die ich überwinden musste. Grenzen in der Vorstellungskraft, Sprachgrenzen, Grenzen zwischen mir und meiner Mutter. An welcher Grenze versiegten die Worte meiner Mutter? Was war vorgefallen? Was trennte uns? Ihre Kindheit von der meinen? Nichts, was meine Mutter hätte verändern wollen. Sie war die Geduld in Person, wenn sie sprach. Sie ruhte in sich. Was vergangen war, war vergangen und konnte deshalb erzählt werden, aber eben nicht verändert. Die Fügung in das Kommende, ins Schicksal, war in der Person meiner Mutter eine Fügung in die Vergangenheit. Was geschehen war, hätte auch verschwiegen werden können. Genau deshalb konnte sie darüber sprechen. Niemand konnte es ungeschehen machen. Meine Mutter sprach kurz und knapp.

Die Zeit, die sie dabei überbrückte, war manchmal ein halbes Jahrhundert. Dann hörte sie plötzlich mitten in einer Erzählung auf. Immer dann, wenn man das Gefühl hatte, dass sie wirklich etwas Neues zu erzählen begann, dass es spannend würde. War ihr doch plötzlich eingefallen, dass sie nicht befugt war, über all das offen zu sprechen? Wer hätte ihr das untersagen sollen, wenn nicht sie selbst? Nein, es ging nicht um intime Details aus ihrem Leben. Diese hätte sie niemals preisgegeben. Das Verschwiegene war Teil ihres Erzählens. Es versteckte sich zwischen den Zeilen oder offenbarte sich auf ihrem Gesicht, als Zug und Mimik. Zumindest für mich begannen die Details zu sprechen, die sie verschwieg. Sie wurden zu Bausteinen meiner eigenen Erzählungen. Meine Mutter aber blieb oft in den Dreißigerjahren hängen, fünfzehnjährig, damals in den Bergen des kurdischen Teils der Türkei. Unwegsames Gelände. Unruhige Zeiten. Ihr Vater Richter, immer unterwegs, um zu richten, zu schlichten, von Clan zu Clan. Warum der Großvater sein geliebtes Richteramt an den Nagel hängte und in der Provinzstadt Erzurum den ungeliebten Beruf des Anwalts ergriff? Fragen, die viele Geschichten in meinem Kopf entstehen lassen.

In Kurdistan fallen Bomben. Sie sollen Aufständische treffen, sie richten aber ein Massaker unter der Zivilbevölkerung an, die Zuflucht in gut versteckten, hochgelegenen Höhlen gesucht hatte.

Meine Mutter begann zu sprechen, und sie hatte sogar etwas aus ihrer Biografie zu erzählen, etwas Erlebtes mit Figuren, die mir nahe waren. Ich wusste, dass ihr Vater aus einer Emigrantenfamilie stammte, die nach der russischen Eroberung 1877 die georgische Stadt Batumi verlassen hatte. Sie war es gewohnt umzuziehen, denn ihr Vater wurde als Richter der jungen Republik immer wieder versetzt, in den Dreißigerjahren zu den Kurden in den Osten Anatoliens. So wählte meine Mutter die Worte. Man warf den Kurden Rebellion vor, jagte sie in den Bergen, trieb sie in Höhlen zusammen und räucherte sie aus. Stolz war der junge türkische Staat auf diese Taten, vor allem, weil sie von der ersten Pilotin der türkischen Luftwaffe, Sabiha Gökçen, ausgeführt wurden. Die moderne Türkei hatte inzwischen einige Kampfflugzeuge und sogar eine Pilotin, die diese Maschinen fliegen konnte. Der Stolz der modernen türkischen Frau, die nicht nur Bildung und Fürsorge in die Provinzen trugen, sondern auch todbringende Bomben. Die Erzählung meiner Mutter mochte diesen trüben Stolz der modernen türkischen Frau nicht brechen. Sie führte sie nicht weiter aus. Sie schwieg. So wurde Sabiha zu einem Markenzeichen für die Befreiung der türkischen Frau.

Meine Mutter und ich schauten uns Fotos an, die die junge Lehrerin in ihrer Klasse zeigen. Elegante Erscheinung in Schwarz-Weiß. Bildung, Bildung, immer wieder Bildung. Erziehung zum humanistischen Ideal, Bomben auf Kurdistan. So wird diese türkische Republik geboren und bleiben, mit ihren Widersprüchen, liebenswert und hassenswert zugleich. Meine Mutter verehrt Atatürk nur leise, wegen meines Vaters, der Atatürk nicht leiden kann. Für ihn ist er ein Mann, der ein ganzes Volk seiner Kultur entfremdet hat. Dieses Recht will mein Vater niemandem zugestehen. Die Verwestlichung der Türkei ist für ihn ein Zivilisationsbruch.

Was wohl der Richter, der Vater meiner Mutter, über all das dachte? Keiner weiß es. Papiere hat er keine hinterlassen. Verloren sind sogar seine persönlichen Dokumente. Nicht einmal einen Ausweis von ihm besitze ich oder ein anderer Nachkomme. In der Türkei wütete der Zweite Weltkrieg nicht. Kein Feuer, das alles hätte vernichten können, die Diplome, die Hochzeitsfotos, die Urkunden, Briefe, Tagebücher ... Die Türken löschen ihre Geschichten ohne Not eigenhändig aus. Sie machen sich zeugnisfrei. Sie hinterlassen so wenig Schrift wie möglich. Und der Mund, der weitererzählt, so sagt das Volk, ist ein Falter, der Tag und Nacht seine Farbe wechselt. Ist das Desinteresse oder der Wunsch, keine Bürde zu tragen, nicht einmal in Dokumenten, Tagebüchern, Briefen? Oder kann man sich nicht entscheiden, welcher Schrift man sein Leben anvertrauen möchte, der lateinischen oder der arabischen?

Dabei wissen doch alle, was passiert ist, aber keiner will es weitererzählen. Warum also erzählt meine Mutter überhaupt? Ihr Schweigen und ihr Erzählen sind voneinander nicht zu trennen. Sie schweigt sich über ihre Widersprüche aus.

Die Geschichten meiner Mutter gingen immer in ihrer Weiblichkeit auf. Sie war sich ihrer Schönheit bewusst und auch dankbar, diese nicht verstecken zu müssen wie die Generationen von Frauen vor ihr. Aber sie traute den Männern nicht.

»Männer missbrauchen die weibliche Schönheit. Sie sind es selten wert, diese zu betrachten.« So resolut klang sie selten. Aber es waren die ersten Sätze, die sie sprach, als sie mir die Geschichte zu erzählen begann, wie sie ihren Mann, meinen Vater, kennengelernt hatte.

»Wie kann sich ein Mann um weibliche Schönheit verdient machen?«

»Respekt, Respekt!«, gab sie zur Antwort.

Respekt gegenüber Frauen ist ein großes Verdienst der türkischen Revolution, es gab nur eine Kampffliegerin, aber Tausende von Lehrerinnen. Mutter war eine von ihnen, eine, die hätte mehr erzählen können. Wer oder was hinderte sie daran?

Wahrscheinlich fand sie kein vertrauenswürdiges Ohr, dem sie ihre Geschichte hätte anvertrauen können. Der Sohn, ein ungeduldiger Deutscher, ein Nörgler, der alles besser wusste, ein rebellischer Geist, der nicht zu ihr passte, der Ehemann, ein ästhetisch gebildeter und altmodisch gekleideter Mann, der die Widersprüche seines Glaubens ebenso wenig aushielt wie die Widersprüche der modernen Türkei.

Also hatte meine Mutter keinen Raum für ihre Geschichte. Sie schrieb sie im Kopf auf und hinterließ leeres Papier. Briefpapier aus einer vergangenen Zeit, ein Adressbuch mit durchgestrichenen Namen von Personen, die nicht mehr am Leben waren.

Am Ende des Lebens ist man eben mit Durchstreichen beschäftigt und nicht mehr mit Worten, die weitererzählen, sei es etwas ohne Geheimnis, sei es Bekanntes, Vertrautes.

2023 wird die türkische Republik hundert Jahre alt. Auch meine Mutter wäre in diesem Jahr hundert geworden. Daten werden meistens nur erinnert, wenn sie Katastrophen implizieren. Der 29. Oktober 1923 aber hat für viele Türken nach wie vor Strahlkraft. Er wird als Geburtstag der modernen türkischen Nation gefeiert. Zumindest für meine Mutter hatte dieser Tag nicht nur eine symbolische Bedeutung. Sie erinnerte sich natürlich nicht daran, aber ihr ganzes Leben wurde durch ihn beeinflusst. So wie das Leben Millionen anderer Frauen. Hätte es die Republik und ihren zivilisatorischen Aufbruch nicht gegeben, die ambitionierte Kulturrevolution Mustafa Kemals, hätten türkische Frauen in einer muslimisch geprägten Gesellschaft kaum den Männern gleichgestellt werden können. Anfang des 20. Jahrhunderts gab es nur wenige türkische Frauen, die ein Leben in der Öffentlichkeit führten, einem Beruf nachgingen oder, zumeist als Künstlerinnen, einen gewissen Bekanntheitsgrad erreicht hatten. Die Frau in der Türkei hatte keinen Namen. Sie war zur Verfügung des Mannes auf der Welt. Ein Teil der Natur, aber nicht der Gesellschaft. Gottgegeben und gottgewollt. Dennoch gab es bereits vor der Gründung der Republik eine Frauendebatte unter den Intellektuellen. In Zeitungen und Zeitschriften, die aber allesamt keine hohen Auflagen hatten, konnte man Kontroversen zu diesem Thema lesen, selbstverständlich in Artikeln, die ausschließlich von Männern geschrieben wurden.

Doch was veränderte sich nach der Republikgründung? Man muss sich diesen Wandel einmal vorstellen. Binnen zwei Jahrzehnten stand die türkische Frau, die vormals praktisch keine Präsenz in der Gesellschaft zeigen durfte, an Werkbänken, nahm Platz auf dem Richterstuhl oder lehrte an Universitäten. Die Befreiung der türkischen Frau aus ihrer jahrhundertelangen Entrechtung ist wohl die schnellste soziologische Revolution, die jemals stattgefunden hat. Die türkische Moderne hätte man zum Weltkulturerbe erklären können.

Meine Mutter war eine bescheidene Grundschullehrerin. Sie war stolz auf ihren Beruf, eine Pädagogin durch und durch, und verfügte über eine angeborene Autorität. Von ihr konnte man bestens lernen, was dieses Modewort Soft Skills bedeuten kann. Und ihre drei Schwestern, Jahrgang 1916, 1930 und 1938, waren ebenfalls studierte, berufstätige Frauen. Eine Ausnahmefamilie? Mitnichten, es handelte sich um eine durchschnittliche bürgerliche Familie der Mittelschicht. Mein Großvater der Jurist, seine Frau eine Analphabetin, wie 97 Prozent der türkischen Frauen ihrer Generation. Dann kamen Kemals Reformen. Als Folge dieser Reformen auch Sabiha Gökçen, die Fliegerin, die Bomberpilotin. Stolz sind modernistisch orientierte Türken aber auch darauf, dass in der Türkei sehr früh, nämlich 1934, das aktive und passive Wahlrecht für Frauen eingeführt wurde. Die Atonalität der türkischen Moderne, die Atonalität der Moderne schlechthin. Konnte man es meiner Mutter übelnehmen, dass sie sich vor allem an die Befreiung der türkischen Frau erinnerte, wenn in unserer Familie über Mustafa Kemal und seine Reformen diskutiert wurde? Dabei wusste sie nicht einmal, dass in Deutschland Ehefrauen bis in das Jahr 1962 kein eigenständiges Bankkonto eröffnen konnten. Ohne die Erlaubnis ihres Ehemannes bis 1977 auch nicht arbeiten!

Ich habe Jahre gebraucht, um diese Fragen und Widersprüche aufzustöbern und zu sortieren und für mich einigermaßen verständlich und vor allem erträglich zu machen. In meinen literarischen Arbeiten versuche ich, persönliche Geschichten zu erzählen, die aufzeigen sollen, dass es gar keine deutsch-türkischen oder gar europäisch-türkischen Konflikte gibt, sondern Widersprüche in unserer gemeinsamen Moderne und unserem Wertesystem, das sich immer wieder auf die Aufklärung beruft. Manchmal können zwei Herzen in einer Brust schlagen und reizvolle Töne erzeugen. Aber diese Wahrscheinlichkeit ist bekanntlich nicht real, sondern eine, die in die Traumebene gehört. Wir brauchen diese aber, um unsere Widersprüche zu ertragen und sie nicht zu unlösbaren Konflikten anwachsen zu lassen.

Die inneren Konflikte setzen der türkischen Gesellschaft heute extrem zu und nicht nur ihr. Auch in Mitteleuropa wankt das aufklärerische Weltbild. Vorurteile und ethnische Borniertheit gefährden die offene Gesellschaft. In den Geschichten und Gegengeschichten, die wir einander erzählen, einander vorhalten oder verschweigen, stecken all diese Konflikte und Verschmelzungen, die wir heute in Europa sorgfältig und mit offenem Visier diskutieren müssten. Das betrifft die Auseinandersetzungen in den Familien, zum Beispiel in der Türkei, den Bruch, der sich zwischen modernen und konservativen Lebensentwürfen auftut, aber auch Konflikte in den Gesellschaften Mitteleuropas, die sich um die Fragen des Zusammenlebens unterschiedlicher Kulturen, um Fragen der Einwanderung drehen.

Vergangenheit ist immer auch eine Fremde. Sie braucht Übersetzung, Interpretation. Sie kann heilen und verletzen. Menschen zueinanderbringen und trennen. Erzählen heißt, Berichte, Dokumente und Fiktionen einander berühren zu lassen, in ein Verhältnis zu setzen. Erinnerung ist nicht einfach nur eine Rekonstruktion.

Zurück in das Jahr 1977. Sein Herbst ging in die Geschichte ein. Die Rote-Armee-Fraktion und der deutsche Staat lieferten sich einen Showdown. Ich war sechzehn Jahre alt und nach den Ereignissen ein vollkommen anderer Mensch. Als Anfang 1979 im deutschen Fernsehen die Serie »Holocaust« lief, war meine Politisierung oder sagen wir einmal Sensibilisierung gegenüber brisanten historischen Ereignissen fast abgeschlossen. Mit dem Ergebnis, dass ich jeglichem Nationalgefühl skeptisch bis feindlich gegenüberstand. Sogar die Spiele der türkischen Fußballnationalmannschaft verfolgte ich nicht mehr. In diesen Zeiten eher eine Erleichterung, denn diese Mannschaft sammelte vor allem hohe Niederlagen ein.

Es brauchte lange Zeit, bis ich wieder so etwas wie ein Glücksgefühl empfand, wenn ich türkischen Boden betrat oder Bücher in dieser Sprache las. 1980 hatte ein Militärputsch die Türkei in ein Gefängnis verwandelt, in dem auf die schrecklichste Art und Weise gefoltert wurde. In einer überregionalen deutschen Tageszeitung las ich Ende 1981 einen Leitartikel, der mich tief verletzte. In diesem verglich der Autor Polen, ein kommunistisches Land, in dem das Militär geputscht hatte, um die Gewerkschaftsbewegung niederzuringen, mit der Türkei, zwei Länder mit einem Militärregime. Es klang in diesem Artikel so, als wäre das im Falle der Türkei annehmbar, ja geradezu zu erwarten, schließlich sei die Türkei ja kein europäisches Land. Doch Polen sei das Herzstück Europas und die Ereignisse dort eine beispiellose Tragödie.

Ein für mich unverständlicher, ja verletzender Gedanke. Als würde Unfreiheit je nach Religion, Region und Landesgrenze anders empfunden und benannt. Ich musste mit der Zeit schmerzlich erkennen, dass eine solche Denkweise weit verbreitet ist. Sie erwächst nicht einfach aus einem Dünkel, sondern verbirgt sich in einem hierarchischen Menschenbild, das unser Bild von anderen trübt und belastet.

Von Angora nach Ankara

Es gab einmal eine kleine, von der Welt vergessene Stadt. Sie lag mitten in der Steppe, umgeben von kahlen Hügeln. Die Stadt war vor Tausenden von Jahren eingeschlafen und hatte schon lange nichts Großes mehr hervorgebracht. Bekannt war sie allenfalls für ihre Katzen und Ziegen und als Raststätte für Händler auf dem Weg von einer reichen Stadt in die andere. Für meine Familie bedeutete diese Stadt sehr viel. Nein, sie stammte nicht aus ihr, doch sie wurde zu einem Symbol für eine neue Zeit, für einen neuen Lebensabschnitt und für mich schließlich zur Geburtsstadt. Denn hier kam jemand vorbei, mit staubigen Steppenstiefeln, jemand, der nachdachte, redete und handelte, jemand, der die Stadt aus dem Schlaf rüttelte. Jeder einzelne Mensch, der hier lebte, wachte auf. Auch die Tiere wagten sich aus ihren Verstecken hervor. Plötzlich fand sich die Stadt in der Mitte eines neuen Landes wieder. Ein Punkt auf der Landkarte, auf den viele zu schauen begannen. Dabei rieben sich nicht wenige die Augen. Ein neuer Mensch sollte hier erschaffen werden, mit weißer Haut und einem Panamahut auf dem Kopf. Der Hut hilft, die Gedanken zu sammeln und zusammenzuhalten. Er hilft auch gegen die brennende Sonne. Die Geschichte dieser Stadt reichte weit zurück, aber es gab nicht viele, die sich an sie erinnerten. Wer sich erinnert, wird in der Steppe nicht alt. Denn die Wurzeln trocknen hier schnell aus. Staub wird zu Staub. So wie der Boden hier wenig Wasser braucht, kommt der Mensch hier mit dürren Erinnerungen aus.

Mein Vater

Jahre nachdem die Stadt erwacht war, kam ein junger Mann hierher, der sich in der Gegenwart langweilte. Er hatte von den aufregenden Zeiten gehört, die er nicht verpassen wollte. Draußen in der Welt war Krieg. Die Menschen töteten und starben für die Ideen ihrer Führer. Sie fragten nicht danach, ob es auch ihre eigenen Ideen waren. In der Stadt, in der so viele neue Bauten entstanden waren, überwachte der Geheimdienst jedes ausgesprochene Wort. Alle, die etwas sagten, überwachten daher ihre Gedanken. So wurde zwar immer weiter gebaut, aber wenig gesprochen.

Der junge Mann wollte etwas Außergewöhnliches aus seinem Leben machen, hatte aber auch hier keinen Ort dafür gefunden. Er hatte sich in Bücher zurückgezogen, träumte so in vielen Sprachen, die er nicht beherrschte. Wer kann schon seine Träume beherrschen?

Der junge Mann hatte eine große Familie, die stolz auf ihre Vergangenheit war. Es hieß, die Vorfahren wären über die hohen Berge eingewandert und hätten an dem kleinen Ort, der übersetzt Rosenbusch hieß, Gefallen gefunden und sich dort für immer niedergelassen. Dieser Ort lag nun über tausend Kilometer entfernt im Osten des Landes. Der junge Mann war der Erste, der den Ort verließ, um sein Glück im Leben in einer fremden Gegend zu suchen. Doch er fühlte sich in der Steppe nicht wohl und hatte ein Leben lang Sehnsucht nach den schmalen, aber umso stärker fließenden Gebirgsgewässern, nach den klaren Teichen und den tiefen Schluchten zwischen den erhabenen Höhen. Vielleicht auch deshalb sollte er in seinem Leben immer rastlos weiterwandern.

Er suchte mit Adleraugen die Gegend ab, fand aber keine Beute. Sein Gesicht zierten große dunkle Augen.

Er sei ein schöner junger Mann, sagte man, nur etwas schüchtern und verträumt, das läge aber an den Büchern, die verhinderten, dass er etwas anderes berührt als welkes altes Papier. Manches Papier, das von Fingern berührt wird, ändert sich. Es nimmt etwas Wertvolles auf und bewahrt es für eine Weile. Bis sein Inhalt ausgepackt wird, um andere Menschen glücklich zu machen. Der junge Mann besorgte sich regelmäßig Papier, um zu schreiben, aber er hatte auch immer Papier da, um große Waben einzupacken, deren winzige Fenster randvoll mit Honig gefüllt waren. Seine Familie schickte ihm den Honig aus den Bergen in die kleine Stadt mit tiefer Vergangenheit und großer Zukunft. Der richtige Ort, um ein Honiggeschäft zu eröffnen. Alte und Junge mögen Süßspeisen. Honig ist gesund, pflegt und mundet. Das Geschäft hatte ein schönes großes helles Fenster, das der junge Mann liebevoll dekoriert hatte. Verschiedene Honigprodukte wurden dort ausgestellt zwischen Fotografien, die zeigten, wie Honig gewonnen wird. Die Fotografien bildeten eine neue Welt ab, die Hoffnung spendete. Männer und Frauen bei der Arbeit mit sauberer Schutzkleidung. Bienen stechen jeden, egal ob Mann oder Frau.

Hinter dem hellen, frisch dekorierten Schaufenster lag der etwas dunkle Raum, der lange leergestanden hatte, weil eine Weile niemand irgendetwas kaufen wollte. Der Besitzer hatte den Raum zwar neu gestrichen, aber die Farbe blätterte schon ab, weil die Mauern in schlechtem Zustand waren. Eigentlich hätte man das Gebäude längst abreißen müssen, es war unbewohnbar.

Deshalb war die Miete auch besonders günstig. Mit wenigen Handgriffen bekommt das Angegriffene manchmal auch den Charme des Alten, der mal einen geruhsamen Lebensabend, ein andermal aber ewige Jugend verspricht. Der junge Mann übermalte das Auge der Vergangenheit mit kraftvollen Farben und eröffnete binnen kurzer Zeit ein florierendes Honiggeschäft. Unter den Kunden war auch ein erfolgreicher Rechtsanwalt, der, obwohl schon im hohen Rentenalter, immer noch tätig war, um den vielfältigen Wünschen seines mehrköpfigen weiblichen Nachwuchses nachzukommen. Vier Töchter hatte der Mann, und alle wollten studieren, sich nach der aktuellen Mode kleiden und auf keinen Fall unter die Haube. Der Mann liebte seine Töchter zu sehr, um ihnen irgendeinen Wunsch abschlagen zu können. Er liebte auch seine Frau, war aber in jüngeren Jahren viel zu vielen Versuchungen erlegen, um noch mit der Gunst seiner Ehefrau rechnen zu dürfen. Er wusste das und ließ sie in Ruhe, so wie sie ihn.

Wir haben nicht vor zu heiraten, scherzten die Töchter miteinander, wenn jemand sie aufmunterte, wieder etwas Gemeinsames zu unternehmen, was über die üblichen Familienausflüge oder Urlaubsfahrten hinausging.

»Fahrt doch mal alleine in die Berge, dorthin, wo der Honig fließt.«

»Der fließt doch überall.«

Zumindest lässt er sich in der Nachbarschaft kaufen. Bei dem jungen Mann, der so gerne liest und so viel wie möglich von der Welt sehen will. Aus dem wird noch einmal etwas Besonderes. Es fiel den Töchtern schon auf, dass der Vater am Abend am Tisch öfter von dem jungen Mann sprach, der ihnen den schmackhaften Honig verkaufte. Aber wer interessiert sich schon für einen Honigverkäufer?

Meine Mutter

Eines Tages betrat eine nicht mehr so junge, aber auffallend gut aussehende und elegant gekleidete Frau den Laden, und der Mann hinter der Theke erhob seinen Blick von dem Buch, das aufgeschlagen vor ihm lag. Die Frau hatte ein Seidentuch um den Hals geschlungen, ihr Haar aber trug sie offen.

Seltsam, es riecht hier wie in einer Buchhandlung, ging es der Frau durch den Kopf, und sie musterte den Mann, dessen Augen sie umgehend in den Bann gezogen hatten, weil er sie so intensiv ansah wie kein anderer Mensch zuvor.

»Ich komme«, stammelte sie, »ich komme wegen meines Vaters. Sie kennen ihn, er hat bei Ihnen regelmäßig Honig gekauft. Er ist vor kurzem gestorben, und ich wollte unser Abonnement kündigen. Denn wir werden nun nicht mehr so viel Honig brauchen.«

»Aber meine Dame«, entgegnete der junge Mann, »ich möchte Sie zunächst einmal begrüßen und Ihnen mein Beileid aussprechen. Auch wenn Sie mir Ihren Namen nicht anvertraut haben, kann ich mir gut vorstellen, wer Ihr verehrter Herr Vater war. Denn der Selige hatte mir die Existenz seiner Tochter nicht verheimlicht.«

»Ach, verzeihen Sie«, unterbrach die Frau den jungen

Mann hastig und nannte ihren Namen und den Beruf ihres Vaters.

»Ich bin nur eine seiner Töchter. Ich bin Lehrerin, und ich denke, wir sollten unsere Mitgliedschaft bei Ihnen nicht kündigen. Ich werde meinen Schülern ab und zu Honig mitbringen, denn manche sind sehr arm und schlecht ernährt.«

Der junge Mann fühlte sich bei dieser Frau vollkommen aufgehoben. Das lag auch an ihrer Stimme. Auch sie fand seine Stimme beruhigend und wie eine feste Stütze in ihrer traurigen Stimmung.

Ihre Stimmen hatten sich also schon zusammengetan. Da ist es nicht einmal mehr eine Frage der Zeit, bis die Körper und die Seelen sich begegnen.

Doch der Bund der Ehe ließ sich nicht so einfach schließen. Denn die Literatur, die der junge Mann las, entsprach nicht den Büchern, mit denen die Lehrerin ihren Unterricht gestaltete. Ihre Bücher handelten von modernen Menschen, die nicht mehr an die alten Zeiten erinnerten, an die Zeiten, als die Menschen mit einer anderen Schrift geschrieben hatten und viel langsamer lebten als heute. Wenn jene Menschen damals von einem Buch sprachen, hatten sie immer nur ein Buch im Sinn, ihr heiliges Buch, das nur wenige von ihnen lesen konnten. Umso mehr wurden diese wenigen Kundigen verehrt. Dieses eine Buch hatte viele andere Bücher in die Welt geschickt, die auch in der alten Schrift geschrieben worden waren, und diese Bücher las der junge Mann. Er wollte sich eine gute Erinnerung verschaffen, eine mühsame Unternehmung mitten in der

Steppe, umgeben von all den dürren und verdorrten Gewächsen.

Die Frau aber kannte nur die lateinischen Buchstaben, die neue Schrift, die jahrhundertelang die Schrift der Fremden, ja der Feinde gewesen war, und sie konnte mit mathematischen Formeln umgehen. Sie hatte nicht nur das schwarze Tuch ihrer Mutter abgelegt, sondern auch die Schrift, die jetzt geheimnisvoll erschien und sogar Angst machen konnte. Der junge Mann aber trug alte Gedichte so vor, dass sie einen schönen Klang hatten. Auch schrieb er selbst Poesie. Jetzt noch mehr als zuvor, viele Gedichte, die von Liebe und Treue handelten und einem Rosenbusch, der mit frischem Wasser begossen wird. Ein Gedicht trug den Titel *Die Entdeckung des Reizes*. Der junge Mann errötete beim Vortrag seiner Verse. Der Frau gefiel das, und sie vergaß ganz den furchteinflößenden Inhalt der Bücher, die den jungen Mann umgaben und die er Tag für Tag las.

Sie dachte sich, ich kenne diese Bücher gar nicht, warum sollte ich mich also vor ihnen fürchten? Eines davon handelte von Gesprächen mit Vögeln. Sein Autor hatte vor fast achthundert Jahren gelebt. Beeindruckend, dass man sich noch immer an ihn erinnerte.

»Ich werde dieses Buch in der neuen Schrift abschreiben, damit Sie es lesen können.«

»Aber das ist sehr mühsam, haben Sie nichts Besseres zu tun?«

»Ich könnte mir nichts Besseres vorstellen.«

»Dann tun Sie, was Sie nicht lassen können.«

Die Auswanderer

Sie trafen sich nun regelmäßig, nicht mehr nur im Geschäft. Sie gingen zu den Bienen in die Steppe, und der junge Mann erzählte von den Bergen, in denen er seine Kindheit verbracht hatte. Sie dagegen träumte von einer Reise und bald auch von einem ganzen Leben mit ihm. Dennoch scheute sich die Frau, den jungen Mann ihren Schwestern vorzustellen. Nicht nur weil er um einiges jünger war als sie selbst, sondern auch wegen der Bücher, die er las. Es waren alte, dicke Bücher. Solche, die man aus dem Haus wirft, wenn man umzieht. Mit diesen Büchern und der Sprache, in der sie geschrieben waren, würde er sich in den Augen ihrer Schwestern verdächtig machen. Sie wäre gar ihrem Spott ausgesetzt. Sie würden ihr nicht glauben, wie feinsinnig und auch gut dieser junge Mann zu einer Frau war.

Ein Mann kann körperlich gut zu einer Frau sein, was ja schon sehr viel bedeutet. Aber viel schwieriger und seltener ist es, wenn ein Mann geistig und seelisch gut zu einer Frau ist, wenn er sie mit seinen Worten nicht verletzt, wenn er gar in der Lage ist, sie mit seinen Blicken zu liebkosen. »So einen Mann gibt es gar nicht.« Davon waren die Schwestern alle überzeugt. Dennoch wartete eine jede von ihnen im Grunde ihres Herzens auf einen solchen Mann. Nun war er ihr begegnet, ausgerechnet ihr, die in ihrem fortgeschrittenen Alter schon gar nicht mehr damit gerechnet hatte. Sie wollte weit wegfahren, mit ihm allein, umgeben von Menschen sein, die sie nicht kannten und die ihre Sprache nicht sprachen.

Der Koran und die Wehrmacht

Nie war ich als Kind der deutschen Geschichte näher als in der Koranschule. Das war mir allerdings damals nicht bewusst. Mit zwölf Jahren, ich war bereits das dritte Jahr in Deutschland, begann ich jeden Samstagnachmittag in eines der Viertel in der Innenstadt zu fahren, die mir durch die Einschusslöcher an den Häuserwänden imponierten. Die alten Gebäude trugen ein verwittertes Dunkel, und in den Treppenhäusern roch es modrig. In einem dieser Häuser wurde mir der Koran beigebracht. Von einem Mann, dessen Gesicht mich an den Darsteller des Hadschi Halef Omar aus den Karl-May-Filmen erinnerte. Ich wäre lieber von Kara Ben Nemsi Effendi eingewiesen worden, keine Frage, aber der Imam, der ursprünglich aus Zentralasien, nämlich aus Usbekistan, stammte und alle Sprachen, die er sprach, gebrochen beherrschte, war kein unangenehmer Mensch. Man lernte nicht viel bei ihm, aber zum Auswendiglernen einiger kurzer Gebete und aller 25 Prophetennamen, die im Koran vorkommen, reichte es.

Jahre später begegnete mir die Figur des Imam bei Recherchen für einen Roman wieder. Es handelte sich um einen Deserteur der Armee Stalins, im Zweiten Weltkrieg hatte er die Fronten gewechselt, war von den Deutschen gefangen genommen und später rekrutiert worden, um einer jener Soldaten zu werden, die am Ende des Weltkriegs die großen Lücken an den Fronten füllen sollten, die der Niedergang der deutschen Armeen mit sich brachte. Was für eine Geschichte! Wer war nicht alles in sie verwickelt? So zum Beispiel Graf von Stauffenberg, dessen Name als Hitler-Attentäter in die Geschichte eingegangen ist. Er war einer der Architekten der Rekrutierung nichtdeutscher und »nichtarischer« Soldaten durch die Wehrmacht. Das war damals nicht nur gewöhnungsbedürftig, sondern auch ein Bruch mit den nationalsozialistischen Rassengesetzen.

Der Schriftsteller Ernst Jünger beschrieb es in seinem Buch *Strahlungen*, den Notizen unter anderem aus seiner Pariser Zeit als Besatzungsoffizier vom 12. Mai 1944 wie folgt: »In der Metro bestaunen die Pariser jetzt Mongolen in deutscher Uniform. Gelbe Ameisenstämme werden absorbiert.«

Wie die meisten dieser Deserteure, die am Leben geblieben waren, hatte man den Imam nach dem Krieg, vor dem Zugriff der Sowjets einigermaßen sicher, in München untergebracht, das im amerikanischen Sektor lag. Die Bundesrepublik kümmerte sich penibel, um nicht zu sagen rührend um diese Generation null der Gastarbeiter. Über die alten Kameraden hielt Gerhard von Mende seine schützende Hand. Ein Mann, der im Dritten Reich im Ostministerium eine hohe Position bekleidet und auch nach dem Krieg in der jungen Republik zahlreiche hohe Stellungen innehatte, unter anderem im Vorläufer der heutigen Bundeszentrale für politische Bildung. Gerade seine guten Kontakte zur Opposition in der Sowjetunion, einer den Nazis nahestehenden antibolschewistischen Front, insbesondere von Nichtrussen frequentiert, machten ihn zum wichtigen Komplizen des Westens im Kalten Krieg. Mende, selbst ein hochqualifizierter Wissenschaftler, Experte für asiatische Turkvölker, polyglott in den Sprachen des zentralen Asiens, war ein Prototyp des gebildeten, akademischen Arms des Dritten Reichs. Mich überraschte es gar nicht, dass er sich sorgsam um die befreundeten germanophilen, antikommunistischen Nichtrussen kümmerte, deren Sprachen er beherrschte und deren Kulturen er schätzte. Dieser Typus des regimetreuen deutschen Patrioten, der die Rassengesetze etwas großzügiger interpretierte als die Nazis, vor allem, wenn es um Nichtjuden ging, war gar nicht so selten zu finden. Der berühmte Professor für Geopolitik Oskar von Niedermayer zählte ebenso dazu wie eben auch Mende. Dem Ersteren, der die Eingliederung der Turksoldaten in die Wehrmacht organisierte, begegnete Jünger in Paris und beschrieb ihn in einem Eintrag vom 24. Juli 1944: »Nachmittags beim General von Niedermayer, der mich auf unbestimmte Weise an den alten Orientalisten Hammer-Purgstall erinnert – ich meine in der Art, in der das Östliche, das Asiatische, in einen Menschen, seine Ideen, seine Taten und selbst sein Äußeres färbend, eindringen kann.«

In den Augen dieser Männer wie Mende und Niedermayer waren die Turksoldaten und andere Nichtdeutsche in der Wehrmacht ernstzunehmende Verbündete. Schließlich waren sie nicht in die Kohlengruben eingewandert wie die Polen zuvor, sondern gleich in die Schicksalsgemeinschaft, mitbeteiligt an Verbrechen und Auflösung.

Der Kriegsverbrecher ist fast immer ein ganz gewöhnlicher Mensch. Umstände, die später undurchdringlich erscheinen, schärfen seine tödlichen Werkzeuge in unterschiedlicher Art und Weise, um die schrecklichsten Taten zu verüben. Doch diese Werkzeuge werden von Zeit zu Zeit versteckt, ohne dass sie etwas von ihrer Schärfe verlieren.

Ich habe nie erfahren, welche Schuld der Imam auf sich geladen hatte. Auf dem Herzen hatte er nichts Schweres, jedenfalls merkte man es ihm nicht an.

Irgendwie hatte der Lauf der Geschichte ihm nun Türkenkinder zugeführt, die er in diesem besonders christlichen Teil Deutschlands in ihrer Religion unterweisen durfte. Da diese Religion für türkische Kinder vor allem aus unverständlichen Gebeten in arabischer Sprache und körperlicher Ertüchtigung, dem Niederknien und Sichniederwerfen, bestand, ging es erst einmal nicht um moralische Fragen.

Das wird dem Imam sehr recht gewesen sein. Mich aber ließ das Thema im Nachhinein nicht mehr los. Denn ich bin nun einmal geschichtsbesessen. Da, wo ich keine Informationen bekomme oder keine verlässlichen Dokumente aufzufinden sind, geht meine Fantasie mit mir durch. So weiß ich bis heute nicht, ob es diese Imam-Schule der SS jemals gegeben hat, in einer der Städte mitten in Deutschland, die heute zu Polen gehören. Denn die Waffen-SS und die Wehrmacht hatten plötzlich Soldaten muslimischen Glaubens, und diese brauchten Priester. Also musste man solche Priester mittels Schnelllehrgang ausbilden.

Das niedrige Lehrniveau des Imams, der meine Samstagnachmittage bestimmte, spricht dafür, dass er auf einer solchen Schule gewesen war, bevor er in jene Abteilung kam, die besonders grausam den Warschauer Aufstand niederschlug. Vielleicht aber machte er eine unauffälligere Karriere an der Westfront, hielt sich in Paris auf, als die Alliierten in der Normandie landeten. Ich werde es nie erfahren. Denn weder er noch seine deutsche Witwe waren noch am Leben, als ich von der Identität dieses Mannes mehr erfuhr als den Eindruck, den seine asiatischen Gesichtszüge und seine ungewöhnliche Aussprache auf mich machten.

Meine letzte Hoffnung war mein Vater gewesen. »Wusstest du, dass der Imam von der Steinstraße bei der SS gewesen war?« Ich hatte die Frage bewusst etwas provokant gestellt, um eine echte Antwort zu erhalten. Mein Vater zuckte nur mit den Schultern. »Die waren damals alle irgendwo gewesen. Man spricht nicht darüber.«

Ich aber gehörte einer Generation an, die ihren beharrlichen Lehrern genau solche unangenehmen Fragen stellte. Wenn ich heute höre, dass über die Verbrechen des Dritten Reichs alles gesagt sei, staune ich nur. Der Imam und seine Leute kommen in deren Geschichte, wenn überhaupt, nur am Rande vor. Langjährige Recherchen haben seine SS-Mitgliedschaft bestätigt und auch dass er in brutalste Verbrechen verwickelt war. Imam und Hauptmann der SS, Sondereinheit Dirlewanger, beteiligt an der Niederschlagung des Aufstandes im Warschauer Ghetto.

Fromm und skeptisch?

Mein Vater war ein frommer Mann. Ich bin mit seinen Geschichten aufgewachsen, die von abrahamitischen Propheten, islamischen Heiligen und ihren Gefährten handelten. Sie hatten in fernen Zeiten gelebt, meinem Vater aber erschienen sie wie Zeitgenossen, mit denen er Gespräche führte. Sein zwei Jahre älterer Bruder dagegen war ein rationaler Mensch, stark geprägt von der Gründungsphilosophie der türkischen Republik. Er bezweifelte sogar, dass die Menschen, die meinem Vater so wichtig waren, je gelebt hatten. Er redete kaum über seinen Glauben, sehr viel mehr aber über die Errungenschaften in den Wissenschaften. Erfinder und Chirurgen, Forscher jeglicher Richtung hatten für ihn die Heiligen meines Vaters ersetzt. Der Koran auf der einen Seite, die Französische Revolution und die abendländische Aufklärung auf der anderen, das war die Türkei bis in die späten Sechzigerjahre. Doch eine Vermittlung zwischen den beiden Seiten fand nicht statt. Sie existierten nebeneinander und wurden langsam zu Gegensätzen. Diese Veränderung, die auch eine Entfremdung war und die Kommunikation zwischen den Lebens- und Glaubenskulturen zunehmend behinderte, habe ich nicht mehr erlebt. Wir gingen nach Deutschland, und mein Vater nahm seinen Glauben mit, in ein Land, in dem aus seiner Sicht mehr mystisch bewegte Menschen lebten als in der profanen Türkei. Dieses von meinem Vater idealisierte Deutschland gab es freilich nicht mehr. Man könnte sogar sagen: Gott sei Dank. Erst später, während des Studiums der Literatur, habe ich verstanden, was mein Vater gemeint hatte. Die Welt der deutschen Romantik war seine Referenz, Novalis und Tieck, die Gebrüder Grimm und Schlegel. Sie waren ihm geistig näher als die französischen Rationalisten. Die Dispute in meiner Familie aber setzten sich fort, immer, wenn wir im Sommer in die Türkei fuhren und es zu großen Familientreffen kam. Dann stritten sich mein Vater und mein Onkel, oft mit spitzer Zunge, aber nie respektlos.

Wie hält man Differenzen aus, die in geistigen und moralischen Fragen wurzeln? Was lässt man gelten? Kann es etwas geben, woran man nicht glaubt? Die Türkei war traditionell ein Teil des Orients, als Kemal Atatürk sie revolutionierte. Die Zeit davor war nicht nur Vergangenheit, sie wurde auch fremd. Die Vorfahren wurden zu Fremden, die anderes gewohnt, anders geschrieben und anders geglaubt hatten. Was für eine Identität hatte man aber dann? Waren die nagelneuen Familiennamen, die sich türkische Familien zulegten, auch ein Zeichen für die Stunde null, die ihnen ein ganz neues, besseres Leben ermöglichen sollte? Konnte es so etwas wie einen neuen Menschen geben, der möglichst wenig Bindungen an die Welt der Tradition unterhielt? Das waren zentrale Fragen für gebildete türkische Familien, in denen die traditionelle islamische Kultur von der modernen Leitkultur der säkularen Republik ständig herausgefordert wurde. Das betraf sogar den Einbau der Toiletten in modernen Wohnungen. Nur langsam setzte sich die europäische Variante, die Toilettenschüssel, gegen das traditionelle Plumpsklo durch. Diese alltäglichen, banalen Fragen waren aber auch von gesellschaftlicher und politischer Relevanz. Sie formten nicht nur einen neuen Lebensstil. Sie waren auch eine Verheißung auf ein qualitativ besseres Leben und auf Wohlstand. In der westlichen Zivilisation lebte es sich besser. Aber war ein besseres Leben auch möglich, wenn die Menschen aus unterschiedlichen Traditionen, Völkern und Kulturen kamen? Die türkische Moderne scheiterte an der Herausforderung der türkischen nationalen Identität durch die unterschiedlichen ethnischen Herkünfte im Land. Jahrhundertelang war Anatolien Heimat für Griechen, Armenier, Türken und Kurden, um nur einige der Ethnien zu nennen, die über Generationen hier zusammenlebten. Dieses Zusammenleben hat der Nationalismus des 19. Jahrhunderts zerstört. Und anders als in Europa nach 1945 mündeten die ethnischen und religiösen Konflikte im Nahen Osten nicht in ein grenzüberschreitendes Versöhnungsprojekt.

Sie dauern bis heute an, flackern immer wieder auf und bedrohen Länder und Landstriche. Die Bürgerkriegssprache wird immer mehr zur Lingua franca der Länder und Kulturen im Vorderen Orient. Ein abschreckendes Beispiel ist aktuell Syrien, ein kulturell reich beschenktes Land, das von den bösen Geistern der Konfessionskriege nicht mehr loskommt.

Das geistreiche Gespräch zwischen meinem Vater und meinem Onkel, das einst im Herzen der türkischen Republik stattfand, hat inzwischen weder Sprecher noch Zuhörer. In der türkischen Öffentlichkeit herrscht Spaltung und kulturelle Abschottung. Die Menschen sind nicht nur einander entfremdet, sie verfeinden sich zunehmend. Monologe ersetzen die Kommunikation. Misstrauen setzt sich in den Herzen fest. Die Sprachlosigkeit ist der erste Schritt auf dem Weg in die Gewalt. Türkische Familien aber sind nach wie vor die Bewahrer einer Kultur der Balance zwischen den konservativen Traditionen und dem modernen Denken. Sie könnten auch künftig verhindern, dass die Gespräche abreißen. Dazu müsste das Private wieder öffentlicher werden. Die Menschen müssten sich wieder mehr trauen, miteinander zu streiten. Doch wie frei sind die Medien in der Türkei noch? Medien, die jenseits von Propaganda Raum bieten für freies Denken und Disputieren? Die Islamisten in der Türkei haben die Balance des Denkens zwischen Tradition und Moderne aus dem Gleichgewicht gebracht, aber sie haben sie nicht gänzlich abschaffen können. Nichts ist den Dogmatikern und Strenggläubigen mehr verhasst als die Streitkultur. Es ist ihnen unheimlich, dass der Disput, der die Gesellschaft spaltet, in den Familien nach wie vor ausgefochten wird. Der Streit endet selten in Eintracht, wird aber oft von einer Tolerierung der Unterschiede begleitet. Nach wie vor ist dieses Erdulden des Andersseins im familiären Umfeld eine Errungenschaft der türkischen Moderne. Sie ist eine Folge der säkularen Erziehung durch die Bildungsinstitutionen des Landes, eine Folge der Aufklärung. Die islamische Regierung setzt gerade deshalb auf eine stärkere religiöse Indoktrination im Bildungssystem. Die säkulare Gesellschaft hält dagegen. Sie hat in der Erfahrung mit einer religiös motivierten Regierung viel dazugewonnen. Viele Traditionen, wie das Fasten, das öffentliche Feiern religiöser Feste, die Sprache und Kultur des Osmanischen Reiches sind auch den weltlich eingestellten Türken nicht mehr fremd. Die Vorfahren sind auch ihnen wieder näher gerückt. Das hat nichts mit Islamisierung zu tun. Die Tradition kann die moderne türkische Identität erweitern, wenn die Modernität zur Grundlage der persönlichen und gesellschaftlichen Existenz geworden ist. Der Kulturkampf jedoch ist für keine Seite zu gewinnen. Stattdessen wäre es an der Zeit, an die Arrangements in den Familien zu erinnern, an die Vielstimmigkeit der Ideen.

Es wäre zu erinnern an den Vater und den Onkel, die ein Leben lang um die richtige Lebensführung und den Sinn des Lebens stritten. Dabei war mir aufgefallen, dass mein Onkel zwar ein Skeptiker, aber nicht gänzlich ungläubig war. Mit Interesse las er die Pamphlete, die mein Vater verfasste. Er suchte Argumente gegen die Ideen meines Vaters. Warum konnte dieser so sicher sein, dass eine Person namens Muhammed jemals gelebt hatte? Es gab doch keine Dokumente, die sein Leben wirklich belegten. Waren die Sultane gläubige Muslime gewesen oder einfach nur machthungrige Herrscher, die den Islam für ihre Raubzüge missbrauchten? Viele Fragen meines Onkels wurden auch zu meinen Fragen, die ich an meinen Vater richtete. Mein Vater war zwar fromm und gläubig, ein praktizierender Muslim. Am Glauben zweifeln aber war für ihn selbstverständlich, ebenso wie das Recht meines Onkels auf abweichende Ideen und Lehren. Glauben heißt auch, Ungewissheit zu ertragen.

So begegnete er dem Durst seines Bruders nach wissenschaftlicher Erklärung. Heute bin ich dankbar, in einem Umfeld groß geworden zu sein, das Unterschiede zuließ und den Andersdenkenden nicht verstieß. Ich kann nicht sagen, ob mein Vater und sein Bruder einander besonders mochten, aber sie hatten keine Angst voreinander, nicht vor einem nahen Verwandten, der ganz anders dachte, anders lebte. Bis heute weiß ich nicht, wer recht hat, mein Onkel oder mein Vater.

Wer wandert, begegnet einander

In meiner Familiengeschichte spielen nicht nur Türken eine Rolle. Es gibt auch Armenier, Griechen, Kurden und Russen. Es handelt sich um die Völkergeografie des Kaukasus, die verdrängte Vielstimmigkeit einer uralten Kulturlandschaft. Kolchis in der Antike. Einst wurden die Völker hier zu blutigen, sturen Feinden. Teils haben sie sich heute entfremdet, scheinbar ohne Gedächtnis.

Eine kleine Geschichte, die sich kurz nach unserer Auswanderung nach Deutschland abspielte, machte mir aber deutlich, dass es ein Erbe gibt, das für immer existiert, auch wenn man es ausgeschlagen hat.

Meine Eltern hatten die Angewohnheit, täglich spazieren zu gehen. Bei diesen Spaziergängen begleitete ich sie mehr oder weniger unfreiwillig. Dabei begegneten wir immer wieder einem älteren Paar, das mit neugierigen Blicken zu uns herüberschaute. So taxierten wir sie ebenfalls. Denn sie sahen wie jene Anatolier aus, die ich schon von Istanbul her kannte. Ähnliche Gangart, aufrecht und doch als trügen sie eine schwere Last auf den Schultern, und eine ähnliche Kleidung. Die Frau trug ein schwarzes Tuch, der Mann eine Weste unterm Jackett. Sie dürften weit über siebzig sein, wirkten aber rüstig.

Eines Tages sprach uns der Mann an. Er sprach irgendwie Türkisch, aber einen mir schwer verständlichen Dialekt. Die Gesichtszüge meines Vaters lockerten sich, sie strahlten Freude aus, und es entwickelte sich auf der Stelle ein langer Dialog. Ich verstand fast nichts. Meiner Mutter erging es ähnlich. Mein Vater übersetzte uns anschließend das Gespräch.

Es waren Griechen aus dem Nachbardorf meines Vaters. Sie waren nach dem türkischen Befreiungskrieg 1922 in Folge des vereinbarten Bevölkerungsaustausches vertrieben worden. Muslimische Türken mussten Griechenland verlassen und die christlichen Griechen Anatolien, ein Land, das über Jahrtausende ihre Heimat gewesen war. Betroffen waren über zwei Millionen Menschen. Ein Abkommen, das Vertreibung vertraglich organisierte und so ein unrühmliches Kapitel in der Geschichte des 20. Jahrhunderts eröffnete.

So begegneten wir also fünfzig Jahre später, im München des Jahres 1970, einem Spross dieser Gegend, den Ausläufern des Kaukasus, aus dem mein Vater stammte. Wir begegneten griechischen Staatsbürgern. Wir selbst waren Türken. Mein Vater aber sagte: »Er kannte meine Großmutter, er hat die gleiche Art zu sprechen wie sie.« Diese gemeinsame Mundart hatte sie davor bewahrt, einander fremd zu werden. Wurden sie wirklich durch Krieg und Vertreibung zu Fremden? Steckt nicht in jedem von uns eine Fremdheit, die Nähe und Verwandtschaft verborgen hält, eine Schale aufgesetzter Identität? Wenn diese Schale aufbricht, quillt aus ihr das Vertraute hervor, das unbewusst Ersehnte. In der osmanischen Armee habe er gedient, gegen die Russen, soll der alte Mann gesagt haben. Die Begegnung mit meinem Vater hatte ihn in seine Jugend zurückgeführt. Mein Vater dagegen war plötzlich in seiner Kindheit, als man davon erzählte, dass im verlassenen Nachbardorf einst Griechen gelebt hätten. Niemand sprach mehr ihre Sprache. Die rote, etwas verwitterte Kirche, gottverlassen, diente den Kindern als Versteck.

Mich beschäftigt die Frage, ob es so etwas wie eine Erbschaft gibt, die nicht nur Trauma und Zerstörung, Gewalt und Vertreibung quasi genetisch an die nachfolgenden Generationen weitergibt, sondern auch eine Erinnerung an die Verwandtschaft mit vermeintlich als Fremde definierten Kulturen und Volksgruppen, also beispielsweise zwischen Türken und Griechen, Armeniern und Kurden. Sprache und Religion mögen unterschiedlich sein und der Nationalismus blutige Grenzen gezogen haben. Was aber wird aus dem Leben unserer Urgroßeltern, aus ihren Erinnerungen, aus ihrer Verwandtschaft, Bekanntschaft, Freundschaft?

Könnte eine kurze Begegnung, Tausende Kilometer von der Heimat entfernt, eine Begegnung, die mir für immer in Erinnerung bleiben würde, diese Frage beantworten?

Meine Sprache – eure Sprache

Die dritte Sprache des Übersetzers

Mitte der Achtzigerjahre arbeitete ich an der Übersetzung von Gedichten eines anatolischen Mystikers aus dem 14. Jahrhundert – den Gedichten von Yunus Emre. In der Türkei kennt ihn jedes Schulkind. Ein türkischer Goethe sozusagen. Und dennoch ganz anders. Emre war ein Wanderderwisch, der als einzige Spur seines Lebens einige hundert Gedichte hinterlassen hatte, Gedichte von großer Eindringlichkeit und sprachlicher Schönheit. Die Arbeit an diesen Übersetzungen klärte für mich mein Verhältnis zu den beiden mir nahen Sprachen Deutsch und Türkisch. Türkisch war meine Muttersprache, Deutsch aber keine Fremdsprache mehr. Ich ließ einen anatolischen Dichter und Mystiker aus dem 14. Jahrhundert Deutsch sprechen.

Wichtig bei einer Übersetzung ist, dass ihre Sprache nicht mehr als Fremdsprache erscheint. Yunus Emre wanderte in die deutsche Sprache ein, weil ich, sein Übersetzer, im Deutschen zu Hause war. Danach schrieb ich selbst jahrelang nur deutschsprachige Gedichte.

Parallel zu dieser ersten größeren Übersetzung begann meine Beschäftigung mit den Werken deutsch-jüdischer Denker und Philosophen zu Beginn des 20. Jahrhunderts, allen voran Gershom Scholem, Martin Buber, Franz Rosenzweig und Walter Benjamin. Mich faszinierte vor allem deren Rückwendung zum Judentum, nicht nur als Religion, sondern als eine Identitätskomponente innerhalb einer weitgehend assimilierten Minderheit, die nicht nur persönlichen Erfahrungen, sondern auch geistigen und philosophischen Anregungen folgte. Ihre Inspiration erhielt sie von einer dem Rationalismus gegenüber kritisch eingestellten Denkart, die auch für unsere Tage immer bestimmender zu werden scheint.

Die Hebräisch-Schüler unter der deutsch-jüdischen Jugend jener Zeit interessierten mich besonders. Die »Vernunftreligion« des Universalismus, die liberale Denkart, war zwar nicht, wie manchmal behauptet, von ihnen beiseitegeschoben worden. Doch es regte sich Widerstand gegen den Absolutheitsanspruch des Rationalismus und gegenüber den Ausmaßen einer vom Positivismus bestimmten Gedankenwelt. Die Aufklärung war längst verinnerlicht. In diesem Inneren aber stießen manche auf das Althergebrachte, das wieder ausgepackt und neu angeschaut werden wollte. Da war zum einen die Mystik, zum anderen die messianische Geschichte, da war einerseits die Offenbarung und andererseits die Kabbala.

Gershom Scholem wurde zu einem der wichtigsten Forscher der jüdischen Mystik, schrieb aber auch bedeutende Aufsätze zum deutsch-jüdischen Verhältnis und hielt seine Erfahrungen in Briefen und in einem autobiografischen Buch, *Von Berlin nach Jerusalem*, fest.

Diese andere Sprache, das Hebräische, war damals nicht nur aus politischen Gründen, wegen des Aufkommens des Zionismus, en vogue. Ich hatte das Gefühl, dass die Hinwendung zur hebräischen Sprache einem Bedürfnis entsprach, dem Bedürfnis, zwei Muttersprachen zu haben.

Zwei herausragende Denker des deutschsprachigen Judentums waren Martin Buber und Franz Rosenzweig. Sie waren nicht nur miteinander befreundet, sondern pflegten auch einen starken geistigen Austausch miteinander. Nicht zufällig stand die Bibelübersetzung von Buber und Rosenzweig im Mittelpunkt des Interesses der literarischen Rezeption und auch vieler Dispute. Sie strebte eine neue selbstbewusste Vereinbarkeit der deutschen Sprache mit dem hebräischen Original an. Somit wurde das Werk zu einem Monument der Zweisprachigkeit. Die Übersetzer bilden keine Brücke zwischen zwei Sprachen. Die Sprachen berühren sich in ihrem Geist, verschmelzen, oder, genauer gesagt, sie wandeln sich, jedes Wort bekommt ein neues Gesicht. Die Übersetzung des Zweisprachigen ist wie eine dritte Sprache, die in ihm wohnt.

Die Überbrückung der Distanz zwischen den Sprachen ist bei jeder Übersetzung eine Herausforderung. Mich aber erinnert jede Übersetzung an meine eigene Lebenswirklichkeit, mit und in zwei Sprachen. Türkisch ist eine Sprache, die mir auf der Zunge blieb, als ich ab dem achten Lebensjahr wortwörtlich ins Deutsche hineinwuchs. Die Sprachen mussten immer übersetzt, arrangiert und zusammengedacht werden. Türkisch und Deutsch, zwei Sprachen, die definitiv nicht zusammengehören, wenn man ihre Grammatik und ihren Wortschatz in die Waagschale wirft. Es gibt keinerlei Verwandtschaft, nicht einmal eine Nähe. War ich also in meiner Zweisprachigkeit auch ein Fremder für mich selbst? Wie konnte ich diesen Fremden in meinem Selbst akzeptieren, ohne mich einer für meine Persönlichkeit gefährlichen Spaltung auszusetzen? Diese Frage konnte weder in linguistischen Seminaren beantwortet werden noch auf Integrationsgipfeln. Sie war eine intime Frage, die nicht delegiert werden konnte. Das Hineinhören in die Sprachen wird irgendwann zum Hineinhören in den Körper. Die Sprache antwortet dir aus dem Inneren des Leibes, und man wird diese Antwort als eine Gnade empfinden.

Sätze dieser Art stehen auf vielen halbvollen Papierbögen, die ich angefangen habe zu beschreiben, in der einen oder anderen Sprache, als mir klarwurde, ich würde mein Leben lang schreiben. Schreiben aus Berufung und als Beruf. Doch das Schreiben verändert meine Einstellung gegenüber den beiden Sprachen nicht. Es ist nur natürlich, dass ein Mensch, der mit der deutschen Sprache sozialisiert wird, literarische Texte auf Deutsch verfasst. Es ist aber nicht natürlich, dass ein Mensch, dessen Vater und Mutter Türkisch sprechen, dazu nicht mehr in der Lage ist. In Deutschland wird das als ein gewöhnlicher Integrationsprozess dargestellt. Autoren, die nicht mehr zweisprachig sind und nur noch auf Deutsch schreiben können, werden als Modell erfolgreicher Integration gefeiert. Ich habe eigentlich nie verstanden, warum das so ist.

Dabei ist in den Neunzigerjahren etwas ganz anderes passiert. Viele junge Menschen aus der zweiten und dritten Generation der Einwanderer interessierten sich plötzlich wieder für die Sprache ihrer Eltern und Großeltern, die sie selbst selten gut beherrschten. Sie besuchten Kurse, hielten sich länger in der Türkei auf, um ihre Kenntnisse zu verbessern. Erinnert uns diese Generation nicht an jene jüdischen Jugendlichen, die ein Jahrhundert zuvor Hebräisch-Kurse besuchten, sich ihr religiöses und kulturelles Erbe zu sichern versuchten? Waren die Letzteren deshalb schlecht integriert, obwohl sie aus längst assimilierten Familien stammten? Solche Vergleiche wurden und werden kaum gezogen. Die deutsch-jüdische Generation der Jahrhundertwende erschien nicht einmal am Erinnerungshorizont. Stattdessen befanden wir uns in einer Gesellschaft, die sich über den üppigen Konsum türkischer Medien beklagte.

Es gibt eine Angstformel, die lautet: Wenn man eine andere Sprache nicht versteht, versteht man den Menschen nicht. Die Fremdsprache macht den Menschen fremd. Doch heißt Fremde integrieren nicht, sie als Fremde aufzunehmen, zu akzeptieren, gleich zu behandeln? Genau das ist aber heutzutage mit Integration nicht gemeint. Nach wie vor geht es um nichts anderes als um den Verlust der einen Identität, um eine andere zu gewinnen. Und das ist im Fall von Sprachen ein großer Irrtum.

Die Möglichkeit, Goethe und die deutschen Romantiker mit der Brille der türkischen Sprache zu lesen, löste in mir erst jene Kreativität aus, die mich Gedichte schreiben ließ. Natürlich musste ich in die Tiefen der deutschen Sprache vordringen, um mich auf diese Weise ausdrücken zu können, doch diese Vertiefung wurde keineswegs aufgehalten, weil ich mich zeitgleich in der mystischen Sprache des Türkischen verlief. Ich war nicht verloren, sondern hatte doppelt gewonnen. Dafür bin ich bis heute sehr dankbar. Dankbarkeit gegenüber den Möglichkeiten der Bikulturalität, der Zweisprachigkeit, allgemein der Alterität, ist nicht weit verbreitet. Klagen über Identitätsverlust und Beklagen des Zerrissenseins beherrschen nach wie vor den Diskurs und führen oft zu Missmut und Lethargie.

Man könnte ja sagen, dass dies alles nun ein alltägliches, sozusagen wetterbedingtes Phänomen ist. Doch stimmt das? Wird unser Alltag nicht gerade durch eine multiple Schichtung von Identitätsspuren zu dem, was er ist, nämlich ein komplexes Konstrukt, das ständige Übersetzung und Arrangements braucht?

Menschen, die aus unterschiedlichen Kulturen stammen, hinken mit einem Bein, wenn sie nicht mehr zweisprachig sind. Denn die Ausdrucksweisen haben auch eine körperliche Dimension. Die Stimme des Menschen klingt in der anderen Sprache anders. Der Körper nimmt eine andere Sprechhaltung an. Manchmal denke ich, dass meine Zunge eine andere Form bekommt, spreche ich Türkisch. Diese andere Form lässt sich einfach nicht negieren. Das Recht auf die Muttersprache, auf das Erlernen und die Pflege sollte selbstverständlich ein Menschenrecht sein. Wie weit wurde dieses Recht bei uns in Deutschland verwirklicht? Mir fallen eigentlich nur negative Beispiele ein, Fälle von Behinderung, Kürzung, Abschaffung.

Zum Beispiel die muttersprachlichen Programme im öffentlich-rechtlichen Radio. Ursprünglich als Service für Gastarbeiter eingerichtet, wurden sie im Laufe der Jahre immer weiter reduziert. Mit *Köln Radyosu* hatte die vierzigminütige türkischsprachige Sendung des WDR bundesweit Kultstatus erreicht. Das war in den Siebzigerjahren, auch bei uns zu Hause wurde die Sendung täglich gehört. Unvergesslich die Stimme des großen Literaturvermittlers Yüksel Pazarkaya mit seinem perfekten Türkisch, der lange Jahre Korrespondent des Senders in Stuttgart war und schließlich die Redaktionsleitung übernahm. Die Qualität der Sendungen war ausgezeichnet. Der Charakter tief in der modernistischen Kultur der Türkei verwurzelt. Diese Sendungen wurden inzwischen auf eine halbe Stunde reduziert und am Wochenende ganz gestrichen. Dabei ist Deutsch für fast zehn Millionen Menschen in Deutschland nicht die Muttersprache. Neben Türkisch zählen auch Kurdisch, Arabisch, Polnisch, Russisch, Griechisch, Italienisch und Spanisch zu den geheimen Landessprachen bei uns.

Sprache ist nicht nur Identitätsmerkmal, sie stellt auch Kommunikation sicher. Eine fremde Sprache kann reizvoll klingen oder bedrohlich. An der fremden Sprache finden sich aber auch immer Zäune. In Deutschland haben die Einheimischen bis heute kein emotionales

Verhältnis zu den fremden Sprachen, die auf dem Boden ihres Landes gesprochen werden. Dabei ist jede Sprache auch so etwas wie Musik.

Ein anderer Sender, der Programme in 17 Sprachen anbot, war *Radio Multikulti* in Berlin. Gegründet in den Neunzigerjahren, wurde er vor zehn Jahren abgeschafft. *Radio Multikulti* wurde angeblich von zu wenigen Zuhörern gehört und fiel Einsparungen zum Opfer. Man dachte wohl auch, dass Einwanderer in der dritten oder vierten Generation kaum dem Klang ihrer Herkunftssprache lauschen wollen. Welch ein Irrtum, wenn man bedenkt, dass die Grenzen ja nicht geschlossen worden sind und immer mehr Menschen mit anderen Muttersprachen nach wie vor nach Deutschland kommen.

Ein seltsames Signal in der Weltstadt Berlin, in die Jahr für Jahr Zigtausende Menschen einwandern und inzwischen nicht nur für soziale Spannungen, sondern auch für ein wirtschaftliches und soziales Aufblühen des einstigen Mauerblümchens unter den europäischen Metropolen sorgen. 180 Nationen leben hier zusammen. Auf den Straßen Berlins ist inzwischen nicht nur Arabisch, Kurdisch, Russisch, Polnisch und Türkisch selbstverständlich zu Hause. In manchen Kneipen wird man nur noch auf Englisch bedient. Aber im öffentlich-rechtlichen Radio präsentiert sich die Stadt einsprachig. Fremdsprachen im Radio oder der muttersprachliche Unterricht in den Schulen sind beliebte Objekte der Kürzung. Als wären sie nicht zeitgemäß.

Es war in den Zwanzigerjahren des letzten Jahrhunderts eine dialogische Situation entstanden, die ein neuartiges Religionsgespräch ermöglichte. Juden trafen auf christliche Gesprächspartner, die keinen missionarischen Eifer mehr an den Tag legten. Die Arbeit von Martin Buber oder Leo Baeck wurde von diesen Gesprächen und ihrem transparenten Austausch inspiriert und bereichert.

War die Erfahrung der Aufklärung eine gemeinsame Klammer oder die durch positivistische Kultur und die Vormacht des Rationalismus verletzte Seele des Gläubigen? Diese Frage lässt sich nicht eindeutig beantworten. Gerade die Spannungslage zwischen der »Vernunftkultur« und dem wiederzuentdeckenden »Geheimnis« lässt eine neue kreative Denkart entstehen, die die Verhältnisse in der Gegenwart in ihrer Komplexität erfasst. Das irdische den anderen Gegenüberstehen musste erst entdeckt und eine dialogische Sprache dafür entwickelt werden. Diese deutsch-jüdischen Erfahrungen sind auch Beschreibungen der Gesprächswege, die durch den Zivilisationsbruch in der deutschen Geschichte jäh unterbrochen worden sind.

Ich musste keine langen Wege gehen, um mich intensiv mit der islamischen Mystik zu beschäftigen, als ich die Gedichte Yunus Emres ins Deutsche zu übersetzen begann. Der Sufismus, die islamische mystische Tradition, war bei uns zu Hause, in der Sprache meines Vaters. So erschien mir die Sprache Emres nahe und vertraut. Die Entdeckung eines mystisch inspirierten Türkisch hat sicherlich großen Anteil daran, dass ich ein zweisprachiger Mensch und vor allem auch ein zweisprachiger Dichter geworden bin. Mit Emres Sprache im

Ohr begann ich die deutschen Romantiker anders zu lesen als vorher. Novalis und Tieck, Hauff und selbst Kleist begannen durch die Sprache der anatolischen Mystiker zu mir zu sprechen und drängten nach einer Übersetzung ins Türkische. In diesen Jahren hätte ich mich ganz in der Tätigkeit des Übersetzens verlieren können, hätte ich nicht selbst geschrieben und somit nach einer dritten Sprache gesucht, die meine Zunge mit meinem Kopf und meinen Kopf mit dem Leib verband. Diese Atmosphäre wurde zu einem Kernthema meines Schreibens. Sie inspiriert mich stets, und ich habe sie immer wieder auf die Figuren in meinen Romanen übertragen.

Einbahnstraße Sprache

Mein Weg führt mich oft ins Ruhrgebiet. Zahllose Kulturveranstaltungen wie Musik, Theater, Lesungen und Ausstellungen haben die Industrieregion zu einem bedeutenden europäischen Kulturumschlagsplatz gemacht. Ich erinnere mich noch an die Siebzigerjahre, als der Qualm der Schornsteine den Himmel über der Ruhr verdunkelte. Jetzt werden in den stillgelegten Zechen geistige und kulturelle Produkte hergestellt. Umweltschonend und das Leben auf andere Art bereichernd als mit materiellen Gütern. Rechtzeitig hat man hier erkannt, dass Kultur kein Luxusgut ist, das man an besonderen Tagen ausstellt und bestaunt. Längst ist Kultur ein wesentlicher Bestandteil unseres Alltags und der Wirtschaft, sie kann der Region Leben einhauchen und sie gestalten.

Wie sonst hätte diese Megaprovinz mit ihren zahlreichen Taubenzüchtervereinen, berühmten Fußballmannschaften und traditionellen Arbeitervereinen diesen Wandel in einen kreativen Freizeitpark umsetzen können? Allein am Schreibtisch lässt sich ein Wandel in solchem Umfang nicht vollbringen. Für die Umsetzung der Ideen braucht man eine Atmosphäre, die weltoffen und wandelbar ist.

Diese Atmosphäre spürt man in jeder Ecke des Ruhrgebietes. Ich weiß gar nicht, ob der Rest der Republik das überhaupt wahrgenommen hat. Der satte Süden und das selbstverspielte, auf eigene Geschicke konzentrierte Berlin kommunizieren viel zu wenig mit anderen Regionen. Wer oft durch Deutschland reist, wird vielleicht feststellen, dass die einzelnen Regionen und Länder manchmal unsichtbare Grenzen haben. Diese Grenzen werden von den Mentalitäten und der Bürokratie auf unterschiedliche Weise gezogen. Sie sorgen für föderative Vielfalt, für die man dankbar ist, manchmal aber auch für eine Selbstbezogenheit, die aus den Ländern den Mief der Provinzialität aufsteigen lässt.

Deutschland täte mehr Konkurrenz gut. Ich frage mich, ob es nicht sinnvoll wäre, einen Austausch zwischen den Schulen zu organisieren, der es Schülern und Schülerinnen erlaubt, ein Jahr in einer anderen Region zu verbringen. Es gibt ja Austauschprogramme mit europäischen Ländern und auch mit den Vereinigten Staaten. Würde einem Münchener ein Jahr Berlin, einem Berliner ein Jahr Essen nicht auch guttun?

Beim Schlendern durch die Essener Innenstadt fallen mir große Geschäfte und Restaurants mit türkischen Namen auf. Sie haben nichts mehr gemein mit den Krämerläden der ersten Generation von Einwanderern. Es sind fremde Namen, die hier nicht mehr fremd sind, weil sie sich eingefügt haben, aber auch weil sie akzeptiert worden sind. Im Geschäftsleben spiegelt sich das wider, was in der Kultur längst angekommen ist: nichtdeutsche Namen als selbstverständlicher Teil der deutschen Kultur von heute. Gerade wegen dieser Selbstverständlichkeit, mit der man in den Innenstädten auf die türkische Sprache stößt, fällt mir eine Diskrepanz auf.

Meine Schwägerin lebt in einer mittelgroßen Stadt in Nordrhein-Westfalen. Sie ist Lehrerin und unterrichtet türkische Kinder in ihrer Muttersprache. Dieser Unterricht heißt überall anders. Mal muttersprachlicher Unterricht, früher einmal heimatkundliche Unterweisung. Oder einfach nur Türkischunterricht. Eigentlich gibt es ein solches Fach nicht, so wie es »türkische« Kinder in Deutschland nicht gibt. Das sind ja deutsche Kinder, die in Deutschland geboren wurden und deren Eltern oder Großeltern aus der Türkei stammen. In vielen Fällen sind auch die Eltern bereits in Deutschland geboren. Irgendwann hört man auf, die Generationen zu zählen. Ist das wirklich so? Hört man damit je auf?

Das Revier ist schon immer eine Hochburg der Gastarbeiter gewesen. Im 19. Jahrhundert kamen die Polen.

Viele von ihnen arbeiteten in den Gruben. Dann kamen die Türken, die Spanier, die Italiener und Jugoslawen. Das ist über ein halbes Jahrhundert her.

Ende der Siebzigerjahre kam meine Schwägerin, die blutjunge, frischgebackene Französischlehrerin, nach Deutschland und begann hier mit dem Türkischunterricht. Zwei, zeitweise sogar drei Lehrerinnen und Lehrer waren damals an ihrer Schule beschäftigt, die sich ausschließlich um den türkischsprachigen Unterricht kümmerten. Inzwischen ist meine Schwägerin allein in einem gar nicht einmal so kleinen Gebiet, für das sie zuständig ist. Sie fährt von Schule zu Schule, sogar in Nachbarorte, um ihr Fach anzubieten, das gar kein Fach ist, sondern eine Art Gnadenakt, ein Gefallen, den man der anderen Kultur erweist. Die Zahl der Lehrer, die Kindern ihre türkische Muttersprache und Kultur näherbringen sollen, ist in Nordrhein-Westfalen drastisch reduziert worden, die Zahl der Kinder türkischer Herkunft aber um ein vielfaches größer geworden. Integrationspolitik kümmert sich nicht aktiv um Mehrsprachigkeit.

Einst gab es dieses Bemühen, die Muttersprachen zu fördern. Damals ging man davon aus, dass die Gastarbeiter samt ihren Kindern zurückkehren würden. Wer aber hier bleibt, wie die allermeisten, hat eben keinen Anspruch auf Muttersprache. Reicht für sie nicht die deutsche Sprache? Sollte sie nach einigen Generationen nicht wie selbstverständlich zu deren Muttersprache werden? Ein Land, eine Sprache. Die Einsprachigkeit wird wie eine Versicherungspolice nationaler Einheit gesehen.

Die Sprache des Landes, aus dem einst die Vorfahren einwanderten, gut zu beherrschen, scheint ein Luxusproblem zu sein. Man erweist den Menschen mit einem fremden Hintergrund jedoch einen Gefallen, indem man so etwas wie muttersprachlichen Ergänzungsunterricht überhaupt anbietet. Dieser Gefallen fällt von Zeit zu Zeit unterschiedlich großzügig aus. In letzter Zeit aber hat er die Tendenz, eher zu schrumpfen als zu wachsen. Braucht man die Muttersprachen der Einwanderer in Deutschland noch? Manchmal hat man das Gefühl, Mehrsprachigkeit wird mit Kakophonie verwechselt. Oder denkt man gar, dass mehrsprachige Türken den Zusammenhalt in unserer Gesellschaft schwächen?

Weniger Türkisch ist mehr Deutsch, so scheint man zu denken, in den Etagen, in denen so manch wichtige Entscheidung fällt und der integrationspolitische Kurs bestimmt wird. Aber bitte schön so, dass man nicht den Eindruck erweckt, intolerant zu sein. Deshalb wird bei derartigen Kürzungen immer von fehlender Nachfrage und notwendigen Einsparungen gesprochen, als ginge es nicht um Kulturpolitik, sondern nur um das liebe Geld.

Wo aber ist ein Kind in Deutschland zu Hause, ein Kind, das seine Muttersprache nicht spricht? Oder dessen Muttersprache immer als Fremdsprache wahrgenommen wird? Es ist ein fremdes Kind, zwar auch ein einheimisches, aber weder als fremdes noch als einheimisches gehört sein Name zu ihm.

Vor Jahren hatte der damalige Innenminister Otto Schily in einem Interview mit der *Süddeutschen Zeitung* eine klare Forderung aufgestellt und in Bezug auf die

Türken gefordert, deren Muttersprache müsse Deutsch sein oder werden. Kann aber ein freiheitlicher Staat bestimmen, welche Sprache eine Mutter spricht? »Ich möchte keine zweisprachigen Ortsschilder haben«, lautete eine weitere Devise des Ministers.

Nun, so weit ist es in Deutschland nicht gekommen. In den Behörden gibt es die türkische Sprache durchaus in Broschüren und Formularen. Das ist wohl nicht zu vermeiden. Eine nennenswerte Diskussion über Assimilation, das heißt einen weitgehenden Verlust fremder kultureller Mitbringsel, und dazu zählt auch die fremde Muttersprache, gab es aber seitdem nicht. In Deutschland wird in Bezug auf die fremden Muttersprachen die schleichende Assimilation praktiziert. Ein sozialer und Bildungsaufstieg wird nur in der deutschen Sprache angeboten. Dies bedeutet zugleich, dass die Herkunftskultur in den meisten Fällen bildungsfern bleibt und die Integration in eine offene, plurale, urbane Gesellschaft eher gehemmt denn gefördert wird. Damit wird lediglich die Hierarchie zwischen der einheimischen »Kulturnation« mit ihrer bildungsbürgerlich dominierten Gesellschaft und den eher bildungsfernen und sozial schwachen Zuwanderergemeinschaften zementiert. Dabei gibt es in Deutschland auch ein Türkisch als Bildungssprache und Aspekte der türkischen Kultur, die einer Modernisierung des Denkens und der Lebensart offen gegenüberstehen. Diese Kapazitäten aber liegen brach.

Doch was für ein Türkisch wird in Deutschland überhaupt gesprochen? Die anatolischen Dialekte, die mit ihren Sprechern nach Deutschland gezogen sind, wie zum Beispiel die vernachlässigte, in der Türkei lange Zeit verbotene kurdische Sprache, haben kaum eine bedeutende Schriftlichkeit erreicht. Sie werden in den Familien an die nächsten Generationen mündlich weitergegeben, so wie die dörflichen Hochzeitsriten und Verhaltensnormen. Nicht nur an der Ruhr, auch in der Hauptstadt Berlin sind innerhalb türkischer und kurdischer Gemeinden noch ländliche Strukturen erkennbar. Auf eine städtische türkische Sprache trifft man in Deutschland kaum. Diese abgeschottete Welt der Familienclans war mir immer fremd, genauso schwer fällt es mir, den unterschiedlichen Mundarten zu folgen.

Mein Vater hätte dieses andere Türkisch der Dialekte verstehen und sprechen können. Denn seine Familie stammte ja aus Kars, einer einst kosmopolitischen, inzwischen aber vernachlässigten Grenzstadt im Nordosten der Türkei. Aber er hatte sich alle Dialekte abgewöhnt und sprach ein feines, etwas altmodisches Hochtürkisch, reich an arabischem und persischem Vokabular. Das unterschied ihn wiederum von dem modernen Türkisch meiner Mutter, die fast gänzlich ohne die Sprache des Korans auskam, wenn sie mir die Welt erklärte.

Unsere Familie zählte drei Personen. Nichts an ihr war den Großfamilien ähnlich, in denen die meisten Migranten leben. Wir wohnten in einem bürgerlichen Viertel mitten unter Deutschen. Zu Hause aber herrschte das Regiment meiner Mutter, der Lehrerin. Sie repräsentierte für mich alles, was die türkische Republik an Modernität zu bieten hat. Die selbstbewussten Frauen der ersten Generation nach der Gründung der türkischen Republik waren für mich in meiner Kindheit mindestens genauso prägend wie mein Vater, der in nostalgischer Manier an der alten osmanischen Kultur, an der traditionellen Poesie und Musik hing. Meine Mutter und ihre Schwestern hatten studiert und waren berufstätig. Zwei meiner Tanten, eine Architektin und eine Kunsthistorikerin, absolvierten ihr Studium in den Fünfzigerjahren in Österreich. Noch heute kommt mir der Wiener Zungenschlag nicht fremd vor. Es war das erste Deutsch, das ich zu hören bekam. Ein weiches, dehnbares Deutsch.

In unserer Familie wurde ein großer Wortschatz gehegt und gepflegt wie in manch anderen Familien ein stattliches Bankkonto. Aber was war das Türkisch hierzulande überhaupt wert? Die geistigen und intellektuellen Fähigkeiten der Türken waren in Deutschland nie ein Thema. Sie wären eher ein Störfaktor gewesen, bei der Verrichtung der Arbeit, die für die Türken vorgesehen war. Es gab sie dennoch, die Studenten und Menschen wie meine Eltern, die nicht als Gastarbeiter nach Deutschland gekommen waren. Sie umgab eine seltsame Form der Einsamkeit, obwohl sie sich meistens bestens verständigen konnten, die allermeisten sprachen ein ausgezeichnetes Deutsch. Aber die Sprache nahm ihnen nicht die Fremdheit, die sie als eine Minderheit in der Minderheit, als Bürgerliche unter den proletarisch-bäuerlichen Türken ausstrahlten. Fremd in beide Richtungen, sowohl den Deutschen als auch ihren eigenen Landsleuten gegenüber.

Ist es Zufall, dass meine Eltern anders als die meisten Einwanderer aus ihrer Generation in Berlin begraben sind? Sie hatten kein Dorf mehr, um zurückzukehren. Doch das machte sie nicht zu Deutschen. Sie wurden zu bewussten und selbstbewussten Kulturmenschen. Ihre in der Türkei geprägte Identität ließ sich in einem fremden Land fortbilden. Sie entwickelte sich wie in einem Bildungsroman.

Ideen, die Bewegung bringen, haben oft mit Menschen zu tun, die sich bewegen können und wollen. Die Migration ist dadurch auch ein Ideenbeschleuniger. Denn sie rührt an dem Ansässigen, sie bringt Gewohnheiten durcheinander. Und bewegt somit auch Sprachen. Anders formuliert: Sprachen können Menschen bewegen, von einem Land ins andere, von einer Kultur in die nächste.

Zwei Sprachen, zwei Stimmen

Natürlich klingt meine Stimme auf Türkisch anders als auf Deutsch. Meine zwei verinnerlichten Sprachen besetzen den Körper anders, kommunizieren in unterschiedlicher Weise. Stimme ist eine Übersetzung des Triebs, der uns an das Leben bindet, das Intimste, was von jedem Menschen nach außen dringt. Ohne die Stimme aber, den Ausstoß seiner ersten Laute, erstickt der Mensch. Der Zweisprachige hat zwei Körper. Zwei Arten zu begehren. Zwei Arten zu denken. Zwei Lebensläufe.

Die verdeckte oder auch gedämpfte, hohle Stimme ist ein weit verbreitetes Migrationsphänomen, wenn die Sprachen nicht mehr verinnerlicht werden können und das Begehren stimmlos bleiben muss. Die Stimme treibt nicht mehr aus dem Körper heraus. Sie klingt hohl, entpersönlicht, mechanisch. Fast wie bei einem Roboter. Der Blick wird wichtiger und macht nicht selten Angst. Er folgt nicht mehr dem Ausdruck, sondern geht der Sprache voraus. Der Blick erspäht, statt zu sehen, beobachtet, statt zu schauen. Die Stimme dagegen hat zumindest das Potenzial, zwischen zwei Fremden Vertrauen zu schaffen. Auch zwischen zwei Sprachen, wenn sie sich auf den Klang verlassen können. Denn der Körper ordnet den Klang zur Sprache. So entsteht in ein und demselben Körper die Bereitschaft, verschlossene mentale Räume zu öffnen. Es werden Grenzen gezogen und überwunden.

Ich bin dankbar dafür, dass meine verinnerlichten Sprachen den Radius meines Körpers erweitern. Meine beiden Stimmen drücken aber auch eine doppelte Sehnsucht aus. Würde der Mensch nur einmal in seinem Leben geliebt, ich wäre verloren.

Fragmente des Übersetzers

Jeder, der literarische Texte aus dem Türkischen ins Deutsche übersetzt, kennt diese Schwierigkeit: Im Türkischen werden Gefühlsmomente ausgedrückt, die in der deutschen Sprache als Gefühligkeit empfunden werden, mitunter auch als Kitsch und somit aus dem literarischen Duktus herausfallen. So können Farben als überschwänglich oder tiefsinnig wahrgenommen werden, beispielsweise feuerrot auf Türkisch mit einem Superlativ versehen, kıpkızıl, auf Deutsch würde man knallrot sagen und die Steigerung mit einer Wortkombination ausdrücken. So wird dem starken Ausdruck ein Rahmen gesetzt. Auf Türkisch aber wird mit der Silbe »kıp«, die kein eigenständiges Wort ist, nur eine Entfesselung in Gang gesetzt. Kann deshalb Deutsch ein Korrektiv sein, wenn man auf Türkisch schreibt? Eine Art Gefühlskontrolle?

Oder umgekehrt gefragt: Lassen sich im Deutschen Dinge anders sagen, wenn die türkische Muttersprache des Autors nicht gänzlich ausgeblendet wird? Den Charakter einer Sprache macht das Unübersetzbare aus. Wie lässt sich ein Wort wie Wunschdenken auf Türkisch sagen? In diesem nur schwer zugänglichen Eigenen der Wörter verbirgt die Sprache ihre Seele.

Lässt sich Muttersprache überhaupt gänzlich ausblenden? Nur unter schweren Verlusten, würde ich sagen. Denn die Sprache ist nach der Mutterbrust die erste intime Erfahrung des Menschen. Dabei kommt es nicht auf Begriffe an, sondern auf die Stimme, den Klang, den Rhythmus, die Schwingungen. Der Atem der Mutter ist in der Sprache verborgen. Wenn dieser Atem reduziert wird, entsteht seelische Kurzatmigkeit. Sicher kann man sich daran gewöhnen, wie an so vieles. Vielleicht gibt es eine Pille, die in einer solchen Situation eingenommen werden kann. Eine Pille, die das Heimatgefühl betäubt und die Muttersprache schlaftrunken macht. Ich bin nicht in der Lage, meine türkischen Gedichte ins Deutsche zu übersetzen. Sooft ich es auch versucht habe, ich bin immer wieder daran gescheitert. Irgendetwas sperrt sich in mir, vielleicht gibt es sogar so etwas wie einen unsichtbaren Riegel im Text. Ich höre, wie der Klang des Originals sich zwischen Deutsch und den Text schiebt und die Bedeutung der Wörter unsichtbar macht. Zwischen meinem Deutsch und meinem Türkisch gibt es oft Sinnestäuschungen. So dachte ich und hatte das auch immer wieder so erfahren, bis ich anfing, dieses Buch zu schreiben. Dieses Buch über das vertraute Fremde in mir, dieses Buch über Widersprüche und ihren Sinn, über die Gegenwart einer Gemeinschaft, die das Vielfältige zu lernen versucht.

Parallel zu der Niederschrift dieses Buches versuche ich erneut, meine letzten auf Türkisch verfassten Gedichte ins Deutsche zu übersetzen, diesmal mit großem Spaß, als hätte sich ein bislang übersehenes Tor für mich geöffnet. Mir geht es so, als würde ich hinter diesem Tor Neuland in der deutschen Sprache betreten. Ich bin ein Nachdichter meiner eigenen Gedichte und werde sie nicht als Übersetzungen ausweisen.

Schrift und Reform

Ob die Türken eine Schrift erfunden haben, ist umstritten. Tatsache aber ist, dass sie die von ihnen benutzte Schrift mehrmals gewechselt haben. Die Schrift änderte sich mit den Gebieten, die sie eroberten und durch die kulturelle Angleichung an eine neue Umgebung, wie es mit dem Chinesischen oder Kyrillischen oder mit Sanskrit geschehen ist. Zuletzt wurden die arabischen Buchstaben aufgegeben, zugunsten der lateinischen. Die Schriftreform war das Herzstück der kemalistischen Modernisierung. Per Gesetz wurde verboten, türkischsprachige Texte mit arabischen Buchstaben zu publizieren. Strafen für die Verwendung von Schriftzeichen zu verhängen, gab es wahrscheinlich nur in der Türkei. Das Verbot der alten Schrift drückte aber auch die Unvereinbarkeit zwischen der lateinisch-europäischen und der arabisch-orientalischen Kultur aus. Eine Einstellung, die heutzutage reaktiviert wird.

Bei uns war die Unvereinbarkeit zu Hause. Denn mein Vater empfing nicht selten Briefe in der alten Schrift. Vor allem seine älteren Freunde wollten auf ihr Erbe und ihre Gewohnheiten nicht verzichten. Mein Vater aber glaubte auch zu wissen, dass sie aus Prinzip mit den in seinen Augen viel schöneren Buchstaben schrieben. Schrift und Prinzip. Wie gehören sie zusammen? Ist Papier, das beschrieben wird, so etwas wie Haut, die Identität schafft?

Mein Vater war ein Mann der Schrift. Person, Schrift und Sprache bildeten für ihn eine Einheit. Warum nicht zwei Schriften haben? Ist ein Volk, das zwei verschiedene Schriften benutzt, schizophren, unheilbar gespalten? Das führt doch zu Kommunikationsproblemen, höre ich als Einwand. Doch sind solche Probleme, fortlaufende Missverständnisse, nicht sowieso da und werden nur von der Einheitlichkeit der Schrift kaschiert? Als Kind hatte ich beide Schriften vor mir. Ich las mit lateinischen Buchstaben und spielte mit den arabischen. Die Schreibfeder und die schwarze Tusche, mit der man dabei operierte, regten mich zum Zeichnen an. Überhaupt ist es für mich ein Rätsel, wie eine Kultur wie die arabische, die derart verschnörkelte Buchstaben benutzt, Malverbote aussprechen konnte. Man wird geradezu beim Schreiben zum Malen gedrängt.

Interessanterweise wurden die lateinischen Zahlen nicht durch arabische ausgetauscht. Wäre die Reform damit nicht komplett gewesen? Die Zahlen durfte man nebeneinander stehen lassen. Also die europäisierte Form der arabischen Zahlen neben den römischen. Die römischen gerieten schnell in den Hintergrund, weil sie weniger praktisch waren.

Für den Onkel, den bedingungslosen Aufklärer in meiner Familie, sprachen für die lateinischen Buchstaben ihre praktischen Vorteile, so zum Beispiel das schnellere Erlernen und die bessere Lesbarkeit der Handschriften. So sei mit ihnen die Alphabetisierung Anatoliens schneller vorangekommen. Gut, aber hatte man dafür die arabischen Buchstaben gleich verbieten müssen? Die lateinischen hätten sich ja dann mit der Zeit sowieso durchgesetzt.

Reformer sind ungeduldig. Revolutionäre umso mehr. Mein Vater war kein Reformer. Er war einer, der sich treiben ließ, um dann in einem unerwarteten Moment Widerstand zu leisten. So hörte er sich jeden Morgen klassische Musik an, eine halbe Stunde lang, meist eine Sonate. Dann kam ein Tag, an dem plötzlich Hafiz Burhan oder Safiye Ayla mit osmanischer Kunstmusik zu hören waren. Für meinen Onkel war diese Musik ein Graus. Er verteidigte sogar, dass sie an Hochschulen der Türkei nicht mehr gelehrt wurde. Inzwischen ist alles populär und miteinander vermischt. Das Nebeneinander und Miteinander in der Musik wird in der Türkei und in türkischen Familien meist erfolgreich praktiziert. Vielleicht sehe ich das zu optimistisch, denn westliche klassische Musik ist dem Durchschnittstürken doch noch immer sehr fremd.

Man kann die Liebe zur Musik nicht erzwingen, eine Schrift eigentlich auch nicht verordnen. Die Handschrift ist etwas Persönliches. Sie schafft Identität. Deshalb hat der staatlich verordnete Zwang in der Türkei keinen selbstverständlichen soziologischen oder philosophisch fundierten Wandel geschaffen, sondern eine Art Seelenbruch, eine Anomalie. Viele Türken fühlen sich zu sich selbst gezwungen. So, wie sie sind, müssen sie sich ins Verhältnis setzen zu dem, wie sie eigentlich sein könnten. Dieses Eigentliche trägt das Eigene in sich wie eine Keimzelle, die sich zwar verstecken lässt, aber niemals verschwindet. Wie sieht dieses Selbst aus, wie ortet man es? Das Bild, das jeder von sich hat, ist eine komplexe Komposition, die den Blick der anderen einschließt und somit immer neue Brechungen hervorbringt. Die Lesbarkeit des Eigenen ist eine Kunst. Der Befreiungsschlag der Türken »zu sich selbst« fällt dagegen meistens sehr reaktionär aus. Er setzt auf Dichotomien und Ambivalenzen, die Unverträglichkeiten beschwören.

Mein Vater war nicht reaktionär. Man könne seine Zeit nicht verstehen, ohne sie zu begleiten. Das war seine Devise. Aber er wollte alle seine Briefe in guten Händen wissen, wenn er nicht mehr ist. Deshalb hat er dafür gesorgt, dass ich die alte Schrift gelernt habe. Jetzt ist er schon zehn Jahre tot. Ich habe, umgeben von seinen alten Briefen, ein Buch mit ihm als Hauptfigur geschrieben. »In deinen Worten« nannte ich das Buch. Es ist wie ein Brief verfasst, den er an sich selbst richtet. Ich habe dabei kaum in sein Archiv schauen müssen. Denn die vielen Briefe wurden mir zu Traumzetteln, die ich meinem Text untergeschoben habe. Manchmal, wenn ich beim sehr schnellen Abtippen eines Gedankenstromes war, hatte ich für Bruchteile einer Sekunde das Gefühl, dass sich die Lettern auf der Klaviatur in arabische Buchstaben verwandelten. Eine Finesse meines Computers, redete ich mir ein. Dabei wollte ich den Kulturkampf aus meinem Gehirn heraushalten. Doch das ist nur schwer möglich. Denn wenn ich ein wacher, abendländischer Mensch bin, der die Nacht zum Tage macht, so merke ich doch auch, wie sehr ich ein schlaftrunkener Orientale bin, dessen Tage abgedunkelt sind. Wachsein und Schlafen sind nicht vereinbar und doch Teil eines einzigen Lebens. Zugegeben, ich habe Schlafstörungen, und das führt manchmal auch dazu, dass ich tagsüber nicht immer wach bin. Aber ich habe meinen Frieden mit diesem Zustand geschlossen. So wie die arabischen Buchstaben im Archiv meines Vaters sich längst mit den lateinischen versöhnt haben. Die Bilder im Kopf aber bleiben und sorgen für Stereotype, so wie die Nacht dunkel zu sein hat und der Tag hell. Aber was heißt eigentlich versöhnt? Lagen sie denn jemals im Clinch, die Buchstaben? Ich ahne, wie sie höhnisch schmunzeln über die Einbildungen des menschlichen Wesens, über die stereotypen Bilder, die wir nicht loswerden. Ihr führt eure Kriege, sagen sie, wir aber bleiben neutral. Wir lieben das leere Papier, auf das wir geschrieben werden.

Unter den Wurzeln – ein Boden

Viel zu oft wird davon ausgegangen, dass ein schnelles Vergessen, woher man kommt, förderlich beim Einleben in eine neue, fremde Umgebung sei. Herkunft aber ist nicht immer problematisch, schon gar nicht immer ein Trauma. Sie ist auch Bindung, die im Unsichtbaren wirkt. Wie die Rhizome zwischen den Wurzelwerken im Erdreich, dem Wurzelstock. So entsteht unter der Oberfläche, also von äußeren augenscheinlichen Identitätsmerkmalen verborgen, ein Gespinst aus kulturellen Bezügen, die tief sitzen, der Person Halt und dem Leben Sinn geben.

Ich gehe durch einen zugewachsenen Wald. Die Baumstämme stehen dicht beieinander. Bäume berühren einander mit ihren Astspitzen. In der Höhe bilden sie deckenartige Geflechte, die das Eindringen von Licht behindern. Ich stelle mir vor, dass die Stämme sich gegenseitig behaupten wollen und von Zeit zu Zeit ihre Blätter abwerfen, um Berührungen mit dem anderen zu vermeiden. Bis zur nächsten Blütezeit herrscht die Ordnung der grauen Zwischenräume. An ihren Wurzeln aber passiert etwas ganz anderes. Verborgen vor unseren Augen, führen haarfeine Leitungen von Wurzelwerk zu Wurzelwerk. Sie verbinden dauerhaft Baum mit Baum. Wenn man in der Erde gräbt, sollte man das wissen.

Kulturelle Reibungen an der Oberfläche unserer Diskurse können im Verborgenen, also in unseren Träumen, Fantasien und Erinnerungen, ganz anders strukturiert sein. Es entstehen Bindungen ähnlich den Rhizomen zwischen den Baumwurzeln. Sie wirken gegen die nach außen drängenden Unterschiede. Erst am Wurzelstock atmet kulturelle Identität, wird erlebbar und somit auch kommunizierbar. Da wir heute oft Bruchstücke von Verwurzelungen unter unseren Füßen finden, sind wir mit einem Boden konfrontiert, der dem Schritt nicht immer festen Grund bieten kann. Das muss aber nicht gleich Heimatlosigkeit bedeuten. Ich habe diese Tiefe in der Erde immer als einen Ideengeber und eine Inspirationsquelle wahrgenommen. Ich neige dazu, die Berührungsgeschichte der Kulturen eher mit den Verhältnissen im Erdboden zu vergleichen als mit den Verflechtungen zwischen den ungeschützten Baumkronen.

Eine Vertiefung bis zu den Wurzeln der eigenen Herkunft schließt keineswegs aus, dass dort Geflechte zu etwas ganz anderem zu finden sind und vermeintliche Grenzen an der Oberfläche verschwimmen oder gar verschwinden. Müssen wir also nicht kulturelle Wurzeln stärker zum Thema unserer Begegnungen machen, damit wir vielleicht verborgene Berührungspunkte entdecken? Diese Wurzeln sind die Träger sprachlicher, geografischer, biologischer und musischer Information.

Ein gutes Beispiel dafür sind die heiligen Bücher der drei monotheistischen Religionen. Diese Bücher brauchen einander zum besseren Verständnis. Der Koran braucht die Bibel, das neue Evangelium genauso wie das Alte Testament. Auch wenn die meisten Muslime eine solche Sicht als Affront empfinden und strikt ablehnen, die Geschichten des Koran beziehen sich immer wieder auf die Bücher des Judentums. Rhizome entspinnen sich von den Fragmenten auf Arabisch zur hebräischen Bibel. Altgriechisch und Aramäisch korrespondieren mit dem Hebräischen und geben Inspiration für die heilige Schrift der Araber. Ohne diesen Wurzelstock der Offenbarung sind die Offenbarungsreligionen nicht fest verwurzelt. Religionsdialog oder auch Trialog an der Oberfläche, ein Diskurs innerhalb theologischer Systematik braucht unbedingt die Vertiefung in Rhizome, um die Berührungspunkte wieder offenzulegen und spürbar zu machen. Jene Berührungspunkte, die sich zwischen den unterschiedlichen Traditionen als Narrative, also als Erzählstränge, von Wurzelwerk zu Wurzelwerk behauptet haben.

Ich schlage den Koran selten ohne die Bibel auf. Es ist spannend, die gleichen Geschichten aus der Erinnerungstradition zweier unterschiedlicher Kulturen zu lesen. Die Geschichte von Joseph und seinen Brüdern beispielsweise, oder sollte man von Suleika sprechen, von der Verführung und den Geheimnissen zwischen Mann und Frau? Sollte man zum vierbändigen Josephsroman greifen, den Thomas Mann verfasst hat, sich in türkische Volkssagen vertiefen oder in den *Divan* von Goethe? Man verlässt dabei weder den Koran noch die Bibel. Denn die Geschichten und Sprachen sind miteinander verbunden wie das Wurzelwerk wesensfremder Bäume. Was das Auge als verschieden und fremd voneinander wahrnimmt, kennt unter der Oberfläche Verknüpfung und Verflechtung. Dichter kennen und nutzen diese Assoziationsketten, die aus dem Unsichtbaren auftauchen und ganz neues und unbekanntes Sprechen ermöglichen. Die Wege von Stamm zu Stamm sind offen. Auch ganz praktische, lebensnahe Dinge können als Sinnbild des Andersseins und als Chiffren der Übersetzung gedeutet werden. In dem einen Text wird Joseph für ein Paar israelischer Schekel verkauft, im anderen für arabische Dirham. Seine Brüder sind es in jedem Fall, die ihn verkaufen, darauf kommt es an. Doch es gibt eine Wechselstube in unserem Kopf. Die fremde Währung wird übersetzt, so wie eine Sprache in die andere übersetzt wird. In Silber ist der Wert zu messen. Die Sprache und der Handel liegen brach, ohne Austausch. Der Klang eines Textes kann ihn von der einen in die andere Sprache tragen. Der Klang ist das Silber der Wörter. Ich lasse mir den Korantext immer im Original vortragen, bis der Sinn gänzlich verloren geht und in meinen Ohren weder Arabisch noch Türkisch, weder Türkisch noch Deutsch gesprochen wird. Ich bin im dunklen Wald, und der Boden des Waldes ist durchsichtig.

Paris – Schiraz

Poesie der Übersetzung

Als ich anfing, mich für Poesie zu begeistern, hatte ich die Wahl zwischen zwei Sprachen, um Dichter zu lesen: im Original und in der Übersetzung. War Hafis in türkischer Übersetzung dem persischen Original näher als auf Deutsch? War Baudelaire in deutscher Übersetzung dem französischen Original näher als auf Türkisch? Das Türkische erlaubte mir beispielsweise, in der modernen spanischen Poesie Bezüge zum Arabischen zu entdecken. Das betraf gerade die Dichtung des Andalusiers Lorca. In türkischen Übersetzungen schienen diese Bezüge schärfer durch als in deutschen. Die Sprache assoziiert immer die Kultur, aus der sie kommt. Ich war keine achtzehn und bemühte mich um das Erlernen der französischen und der persischen Sprache, um in meinem Kopf zwei Dichter miteinander zu verknüpfen, die mir mehr bedeuteten als andere. Ich hätte nie daran gedacht, Spanisch zu lernen, weil ich Federico García Lorca las oder Griechisch wegen Giorgos Seferis. Anders war es bei Baudelaire und Hafis. Ich sammelte alle Übersetzungen ins Deutsche und Türkische, die es von diesen Dichtern gab. Beide hatten wohl kaum etwas miteinander zu tun. Verschiedene Länder, unterschiedliche Kulturen, der eine hatte im 14., der andere im 19. Jahrhundert gelebt. Und doch waren sie beide Dichter wichtiger Übergänge. In der Kultur des Fin de Siècle ist das Morbide der Charme jeder Neuschöpfung. Bei Hafis wird jeder Machtanspruch, auch der der Religion, angegriffen. Der Mongolensturm, der aus dem Inneren Asiens kommend mit seinen Ausläufern bis nach Europa reichte, wirkt bei ihm nach. So grausam die Beschreibungen dieser Eroberungszüge aus militärischer Sicht sind, der Dichter feiert diesen Zustand auch als Freiheit, als Zusammenbruch eng geknüpfter Denk- und Herrschaftsmuster. Verse können zu Augenblicken des Glücks werden, umgeben von Tränen und Zerstörung. Reiche zerfallen, die Pest entvölkert Landstriche. Die zerbrochene Macht der Politik und der Religion ermöglicht dem Dichter, abseitszustehen und in der atmenden Beobachtung Heimat zu finden.

Topografie sorgt sowohl für Nähe als auch für Distanz. Das sind die Koordinaten der Geografie. Doch in der Imagination kann die Ferne zum intensiven Erlebnis werden. So kommt die englische Übersetzung eines persischen Textes dem Original vielleicht näher als eine Übersetzung ins Neutürkische. Denn das Neutürkische trägt die Ablehnung des orientalischen Geistes in sich, eine Ablehnung der vieldeutigen Gesten, die Wankelmut und Ambiguität ausdrücken, während die englische Sprache unerschütterliche Romantiker wie John

Keats und Lord Byron hervorgebracht hat, das Amerikanische einen Sprachmystiker wie Walt Whitman. Diese haben ihre Sprachen gegen die nüchterne Logik der Positivisten aufgestellt. Die Sinne gehen auf Reisen.

Die Reise in der Sprache ist eine Angelegenheit des Atems. Die Reise in die Sprache anderer kann den Atem stocken lassen. Man versucht tiefer zu atmen und stößt auf unbekannte Gefilde. Sie wird leibeskundig. Das ist Übersetzung im besten Sinne. Baudelaire und Hafis übersetzten sich für mich gegenseitig, so wie Goethe und Hafis sich übersetzt haben. In der türkischen Sprache klang der Perser wie ein Franzose. Auf Deutsch stand Hafis Goethe nahe. Persische Leser von Goethes *Divan* berichten davon. Sie erfahren ihren Hafis als Übersetzer von Goethes Gedichten, so wie wir Goethe als den besten Übersetzer kennenlernen, den Hafis je gehabt hat. Hinter jedem großen Gedicht scheint sich eine Übersetzung zu verbergen.

Der Apfel der Dichter

In der Poesie dreht sich fast alles um den vergifteten Apfel. In den Gärten Persiens hing er noch unberührt an seinem Baum. Die Dichter kamen und gingen, schrieben ihre Verse, als kosteten sie von dieser einmaligen Frucht. Oder sie taten nur so, denn in Wirklichkeit hatten sie den Apfel in der Tasche, ließen ihn unberührt. Baudelaire aber hat in diesen Apfel gebissen. Er wurde krank und schrieb *Les Fleurs du Mal, Die Blumen des Bösen.* So stellte ich mir das beim Lesen vor, dass jemand auf den Geschmack kommt, wenn er liest. Der Autor leiht dem Leser seine Zunge. Sprache schmeckt wie Speichel.

Hafis in seinem Garten im persischen Schiraz fantasierte den Geschmack des Bösen, der hinter dem Antlitz der Schönheit lauert. Ich wanderte von Buch zu Buch, so wie von einer Sprache zur anderen. Von den *Blumen des Bösen* zu den Gärten in Schiraz. Bei Hafis: Der Körper wartet auf den reifenden Apfel. Der Apfel aber wurde nie reif, die Wangen der Geliebten färbten sich weinrot und wurden statt des Apfels den Nimmersatten gereicht.

In Paris aber wurden die eisernen Flügel der Engel geschliffen. Die erste Weltumrundung eines Engels stand bevor. In Persien, wo die meisten Engel leben, sollte eine Zwischenlandung unternommen werden. Doch der präparierte Engel, vom Ehrgeiz zerfressen, flog bis nach Indien und stürzte über dem Urwald ab. Alle Früchte des Waldes wurden vergiftet. In der Medizin reimte sich nichts mehr. Der Puls der Kranken geriet außer Kontrolle. Ein neuer Rhythmus lebte auf, und der Körper wurde fortlaufend neu vermessen. Die Musen schätzten diese Stunde und ließen die Poeten melancholisch werden. Was immer blüht, wird irgendwann melancholisch.

Ost und West seien nicht zu trennen, die ganze Welt nun einmal vergiftet. Dabei ging es nur um einen einzigen Apfel. Nicht einmal um die ganze Gattung.

Baudelaire hatte ein Lungenleiden und die Syphilis. Hafis trank zu viel und schlief unruhig. Die Nacht, in der die Krankenschwester die Verbände wechselte, hat sie zu Zeitgenossen und Bettnachbarn gemacht. Sie teilten das Kissen und glaubten einen Vers gefunden zu haben, der die Arbeit der Schwester erleichtert.

Ich habe mich mit dem Anfang beschäftigt
Und nicht warten können bis der Apfel reift

So schrieb ich meine ersten Verse unterwegs. Am Rande von München unter Apfelbäumen. München, eine grüne Stadt wie Schiraz. Doch in der Nähe keine Wüste. Andere Winde, andere Temperaturen.

Aber zu dieser Zeit, als ich zu schreiben begann, gab es in München viele, die in die Wüste aufbrachen. Manche von ihnen machten Musik. Eine Band mit dem Namen »Fata Morgana« begeisterte gleich mehrere Schulen im Münchner Süden. Für eine längere Expedition in ferne Gefilde fehlte das Geld. Klamm zu sein, regt die Fantasie an. Zu dieser Zeit entstanden Lieder, in denen es hieß:

Die Zuckerlippen färben sich blass
Wo ist nur das Rot des Abends geblieben
Hinter deinem Schleier der Tag

Hätte in Schiraz auch so ähnlich formuliert werden können? Bei Hafis im Garten, nach durchwachter Nacht? Oder im Paris des 19. Jahrhunderts auf nächtlicher Wanderung durch die herbstlichen Straßen?

Für mich war Paris der ersehnte Orient.

Aus Schiraz, da kam ich selbst her.

Steine, die blühen

Ich fühlte mich als Kind immer zu etwas Blühendem hingezogen. Im Frühling glaubte ich, dass nicht nur die Bäume und Pflanzen blühen, sondern auch die Menschen. Ich suchte in den Gesichtern neue unbekannte Farben und fand sie meist in den Augen. Augen entdecken. Der bloße menschliche Körper mit seinen persönlichen und charakteristischen Merkmalen löste bei mir ähnliche Gefühle aus wie das Blühen. Die Darstellung des menschlichen Körpers in den Statuen der Antike und der Kunst der Renaissance, ihre anatomische Genauigkeit faszinierte mich. München war ein Eldorado dieser Kunst, hier die Alte Pinakothek, dort die Glyptothek. Nichts dergleichen gab es in der Kultur, die bei uns zu Hause war. Man stellt keine Götzenbilder auf. Ist der Mensch dem Menschen ein Götze? Mir kamen die Steine in Menschengestalt wie helle, aufgehellte Wesen vor. Sie hatten etwas zu erzählen. Und ich konnte nicht umhin, ihnen zuzuhören.

Zu Hause aber schwieg ich. Dort herrschten das Dunkel und die Melancholie. Diese Gefühle stiegen in mir hoch. So kam es mir jedenfalls vor, wenn ich von meinen Museumsbesuchen zurückkam. Ich hörte eine Weile nichts mehr. Geistesabwesenheit. Manchmal wurde ich für meine Unaufmerksamkeit getadelt oder mit Nichtbeachtung bestraft.

Paradiesische Zustände gibt es ja erst im Jenseits, bekam ich zu hören, wenn mein Ohr wieder aufgegangen war. Im Leben aber herrscht Dürre. Wüstenzustand.

Mir kam es so vor, als hätten die Türken mit den Reformen Mustafa Kemals die Wüste verlassen. Als wären sie jetzt erst hinter dem Balkan hervorgekrochen und in den fruchtbaren Tälern Mitteleuropas angekommen, die sie vor so vielen Jahrhunderten zwar militärisch erobert und inzwischen auch wieder aufgegeben hatten, doch nie waren sie geistig dort angekommen, wo ein paar hundert Kilometer entfernt Donatello, Leonardo da Vinci und Johannes Gutenberg wirkten. Bilder, Statuen und der Buchdruck, das Wort schwarz auf weiß. Alles ist eben lebensgerichtet, gegenwärtig. Die Welt erobert nach und nach den Kosmos.

Nach der Gründung der Republik waren nun auch die Türken in der Gegenwart angekommen, und die wirkte auf einmal vielversprechend. Mehr Bücher wurden gedruckt, Bilder gemalt, Gedichte geschrieben, die Sinnenfreude und körperliche Liebe zum Thema hatten. Nicht mehr das Verschwinden in der Kontemplation, sondern die Präsenz, die spürbare Gegenwärtigkeit, konnte jetzt erfahren und gefeiert werden. Es ist kein Zufall, dass den Feinden der türkischen Modernisierung als Erstes diese Gegenwärtigkeit aufstößt. Die Verherrlichung des Lebens gilt als unanständig. So unanständig wie abendländische Skulpturen. Unanständiges Blühen des Körpers.

Unter dem politischen Islam hat in der heutigen Türkei längst eine Verherrlichung des Todes Einzug gehalten. Der Märtyrerkult wird bejubelt. Die Selbstaufgabe für eine höhere, heilige Sache. Die Instrumentalisierung der Religion durch Feldherren. Das ist nicht einfach nur ein schreckliches, moralisch verwerfliches Bild. Es ist zugleich ein Verrat am Leben, ein Abfeiern der Dunkelheit, Jenseitigkeit im Dasein. Fällt mir diese Rückwendung in der türkischen Kultur mehr auf, weil ich in Deutschland aufgewachsen bin, aufgewachsen in einer Familie, in der die islamische Kultur immer präsent war, als eine Kultur des Vaters, der allein auf weiter Flur die Tradition aufrechtzuerhalten versuchte? Um ihn herum waren ja starke Frauen, meine Mutter und ihre Schwestern. Weibliche Präsenz lässt Jenseitigkeit gar nicht zu. Sie pulsiert allzu sehr im Hier und Jetzt. Es gibt eine Weiblichkeit in der Präsenz des Raumes und der Zeit. Sie duftet und atmet. Sie blüht. Schon früh zog mich alles an, was blühte.

Neben den Museumsbesuchen in München die vielen Reisen nach Italien, die endlosen Spaziergänge in einer alten Welt, die immer zu blühen schien. Sind denn die Museumstore in München nicht schon eine Schwelle nach Italien?

Das Immergrün Italiens sind seine alten Bauwerke und die großen Kunstwerke seiner Meister. Mir war, als hörte ich in diesem Land immer eine Musik, die mich stets dorthin lockte. Es muss ein Trieb in uns sein, den man in der islamischen Kultur abgetötet hat. Das ist nicht zu verwechseln mit dem Eros. Eros ist nur ein Teil dieses Urtriebs. Dieser Trieb lässt uns aufleben und für Augenblicke den Tod vergessen. Er ist das Gegenprogramm zum Format des Märtyrers. Märtyrer kann es nur geben, wenn das Leben zumindest für Augenblicke vergessen, ja in der Vorstellung gänzlich gelöscht wird.

Ich wollte leben, nichts ist schöner. Nichts ist mir fremder als eine Kultur, die nach Märtyrern strebt, ein Glaube, der den Märtyrertod kultiviert. Ich stürzte meinen Körper in die Fülle des Lebens. Ich hatte das Gefühl, dass die Zeit nicht mehr Gott gehört, sondern mir. Fast hatte ich schon das Gefühl, das Endliche in mir überwunden zu haben.

Der Tod rückte hinter das Jenseits. Der Kosmos öffnete sich und ließ sich in Versen nieder. Meine Worte begannen zu reisen, weiter, als mein Körper es jemals schaffen würde.

Das Schreiben ist eine Angelegenheit des Lichts und des Atems. Es ist das Lebenselixier des Diesseitigen. Ich las bei Mawlana Rumi über die Feier des Todes als die größtmögliche Verschmelzung und wollte genau das Gegenteil davon formulieren. Das Verschwinden des Todes angesichts der blühenden Pracht des Lebens. Lebensfülle ist uns gegeben. Der Tod ein winziger unbedeutender Punkt auf der Karte. Ein schmuckloser Ausgang.

Mir wurde die Melancholie der Exilanten und Gastarbeiter zum Ärgernis. Ich war zu Hause im Atem meiner Wörter, im Licht, das Lesen und Lernen ermöglicht.

Klagelieder sind mir bis heute zuwider. Euphorisch dagegen machen mich die Farben und die lebendigen Gesichtszüge auf den großen Gemälden.

Einen Künstler wie Gian Lorenzo Bernini zu entdecken, der ganz Rom mit seinen ausdrucksstarken barocken Skulpturen ausgestattet hat, war mir wichtiger als jeder Besuch in der Klause eines Eremiten. Diese beeindruckende Kunst wäre ohne Förderung nicht entstanden, ohne Mäzene, ohne das durchsickernde Licht der Aufklärung.

Angeblich kommt die Sonne vom Osten her, angeblich ist da immer Licht. Ich habe es dort nicht gesucht. Denn ich hatte meinen Atem und meine Lichter längst gefunden.

Dichter sind Nomaden

In Gedichten begann ich Spuren zu lesen. Ich stieß über die Gedichte von Ingeborg Bachmann auf einen italienischen Dichter, der Giuseppe Ungaretti hieß. Er wurde Ende des 19. Jahrhunderts geboren, war im Ton aber bereits ein sehr moderner Dichter. Über seinen Lebensweg wusste ich wenig. Das Einzige, was mich anfänglich interessierte, war, wie sie schrieben und nicht, was mit ihnen geschehen war. Später erfuhr ich, dass er als Sohn italienischer Emigranten in der orientalischen Stadt Alexandria geboren worden war, der Stadt des griechischen Dichters Konstantinos Kavafis. In der Stadt der großen antiken Bibliothek, die wenige Jahrhunderte nach Christi Geburt niederbrannte. Eine Stadt des Handels und der Übersetzung. Einer der hervorstechenden Mittelpunkte des Mittelmeers. Im Falle von Ungaretti gab es eine weitere Besonderheit, warum seine Gedichte, dieser schmale Band aus der berühmten Reihe »Bibliothek Suhrkamp«, sich auch heute noch auf meinem Schreibtisch befinden.

Schon immer interessierten mich Übersetzungen, die von meinen Lieblingsdichtern gefertigt wurden. Ich hatte das Gefühl, in diesen Übersetzungen weiter im Werk des Übersetzers oder der Übersetzerin zu lesen, auch wenn eine ganz neue, unbekannte Stimme zu mir sprach. Ungarettis Gedichte, jedenfalls die Ausgabe, die ich besaß, hatte Ingeborg Bachmann übersetzt. Darin stand das Gedicht mit dem Titel *In Memoriam*:

Er hieß
Mohammed Sheab

Abkömmling
von Emiren von Nomaden
Er beging Selbstmord
weil er kein Land
mehr hatte

Er liebte Frankreich
und änderte seinen Namen

Wurde Marcel
war aber nicht Franzose
und konnte nicht mehr
leben
im Zelt der Seinen
wo man dem Singsang
des Korans lauscht
einen Kaffee nippend

Und wusste nicht
anzustimmen
den Gesang
seiner Verlassenheit

Bachmann hatte dieses von mir hier in Auszügen zitierte Gedicht in Rom übersetzt. Rom, die Stadt, die ihr, wie sie es formulierte, »Lebenszeit geboten«, aber kein Lebensglück gebracht hatte. Ich las es in München, im Englischen Garten auf einer Bank, umgeben von herbstlicher Stimmung mit Blick auf den etwas höher liegenden Monopteros. Man kann das Lesen nicht von den Umständen trennen, die dieses Lesen begleiten. Genauso wenig wie das Schreiben.

Wo war ich zu Hause, wenn nicht in diesem Gedicht? Konnte man hier zwischen den Zeilen zu Hause sein? Sie beschrieben doch nichts anderes als das Scheitern, eine neue Heimat zu finden. Ich war siebzehn Jahre alt und hatte das Leben vor mir. Mein Frankreich war Deutschland, und wenn ich ehrlich zu mir war, ich fühlte mich in diesem Land nicht fremd. Es hatte mich aufgenommen und mit seiner Sprache umarmt. Für mich bedeutete es etwas, dieses Gedicht eines italienischen Dichters in der deutschen Übersetzung zu lesen, in München, einer Stadt, die zu meiner neuen Heimat geworden war. Ich lebte nicht das Leben von Mohammed Sheab. Ich würde keinen Selbstmord begehen, sondern Gedichte in deutscher Sprache schreiben. Würde ich damit ein Deutscher werden?

Diese Frage scheint heute dem Papier nach beantwortet. Doch das Papier wechselt jeden Tag seine Farbe und Beschaffenheit.

Meine Eltern lebten nicht im Zelt und waren keine Nomaden. Ich muss wohl zig Generationen zurückgehen, um in meiner Ahnenreihe auf Nomaden aus den Bergen des Kaukasus zu stoßen. Doch an den Singsang des Koran brauche ich mich nicht einmal zu erinnern. Er ist untrennbar mit der Stimme meines Vaters verbunden.

Ich habe keine Probleme, ihm zu lauschen, auch wenn mir die Verlassenheit dieser Stimme in der Schönheit, von der sie sprach, große Schmerzen bereitet. In meinem Buch über den Vater habe ich meinen Schmerz über den unaufhaltsamen Niedergang der muslimischen Kultur festgehalten. Man kann sich auch aus einer Verlassenheit herausschreiben. Ich hoffe, dies getan zu haben.

Das wäre mir aber nicht gelungen ohne den Singsang des Koran *und* den Klang der deutschen Sprache. Nicht auf der Haut sitzt die Identität, sie wurzelt in der Tiefe, aus der Inspiration und Atmung entsteht. Die etymologische Nähe dieser beiden Worte zueinander ist die Klammer, die die Identität beschreibt. Meine Texte atmen sowohl den Klang der deutschen Sprache als auch den Singsang des Koran. Das ist keine Frage des Glaubens. Es ist eine Frage der Beheimatung.

So wird man zu einem Eingehenden. Eingehen ist nicht Aufgehen. Ein- und Ausgehen gehören zusammen wie Ein- und Ausatmen. Weiterleben.

Ich bin in Deutschland zu Hause *und* in der Türkei.

Und diese doppelte Heimat ist keineswegs weniger attraktiv, als *dazwischen* oder *nirgendwo* zu sein.

Woher das Schreiben kommt

Im Hintergrund jedes kreativen Schreibens lauert eine Geschichte. Nicht nur das, was einem im Leben passiert, sondern auch das, was der Kopf produziert, schreibt Geschichten. Es geschieht, dass der Autor nicht mehr in seine Biografie passt. Seine Erinnerungen passen nicht mehr ins Gedächtnis.

Nicht jede Geschichte ist lesbar. Mal liegt es an der Sprache, die fremd geworden ist, ein anderes Mal an der Schrift, die unleserlich zu sein scheint. Die fremde Sprache, Deutsch, die unlesbare Schrift, die arabische, haben mich schon als Kind umzingelt. Irgendwann hat mich die Lektüre von Franz Kafkas Schriften, seinen Erzählungen und Tagebuchaufzeichnungen aufgerüttelt. Hier waren Laute zu vernehmen, mit denen die deutsche Sprache meine Ohren ganz ausfüllte. Die Sprache hatte sich aufgepumpt wie ein Fahrradreifen. Ich umrundete die Stadt München mit Erzählungen wie *Die Verwandlung* und *Die Brücke*. Ich fühlte mich dabei immer am Rand einer Stadt, einer Geschichte, eines Temperaments. Aber dieser Rand strahlte für mich nichts Gefährliches mehr aus. Im Gegenteil: Er zog mich an und bot mir in der deutschen Sprache eine vertrauenswürdige Tiefe. Deutsch wurde für mich zu einer Sprache des Vertrauens. Kafkas Erzählungen waren für mich Bürgschaft. Ich konnte diese Sprache meiner Muttersprache beigesellen. Die Sprachen hatten keine Berührungsängste mehr.

Mein Vater, der die arabische Schrift für mich aufbewahrte – wäre es nicht seine Aufgabe gewesen, mich von ihr fernzuhalten? –, verlor erst im hohen Alter seine im Umfeld als störend empfundene Sturheit. Er ging in seinem Geist auf. Sein Gebet, das er regelmäßig verrichtete, verwandelte sich in Verse. Diese Verse schrieb ich mit arabischen Schriftzeichen nieder und konnte sie selbst nicht mehr entziffern. Ich war auf einen Übersetzer angewiesen. Dieser übersetzte meine Verse ins Deutsche. Roch mein Deutsch nach Übersetzung? Selten, viel zu selten. Denn ich hätte gerne eine neue Sprache erfunden, die deutsch klingt, sich auf Türkisch träumen und mit arabischen Lettern schreiben lässt.

So ähnlich verhielt es sich mit den Landkarten, die mich seit meiner Kindheit faszinierten. Sie wohnten zusammengefaltet in den Schubladen des alten Schreibtisches, den mein Vater selten zum Schreiben benutzte. Er saß an diesem Tisch oft nur nachdenklich und schweigsam. Manchmal holte er eine dieser Karten heraus, entfaltete sie auf dem Tisch, und ich konnte fremde Sprachen und Schriftzeichen entdecken, die auf Länder und Gebiete verteilt waren, die ich nicht kannte.

Waren mein Vater und meine Mutter in all diesen Ländern gewesen? Hatten sie ihre Liebe nicht durch Reisen wachgehalten? Fremde Luft erregt die Nase, und eine erregte Nase findet gute Geschichten. In diesem

Schreibtisch meines Vaters lagen untergegangene Länder, verbotene Schriften, versunkene Sprachen.

1989 stand dieser Schreibtisch plötzlich mitten in der geteilten Stadt Berlin, einer Stadt, die sich über Nacht zusammenfügte, obwohl ihre Spaltung in Stein gemeißelt worden war. Das regte mich zu neuen Formen des Erzählens an. Ein Versuch, sich mit Fragen zu begnügen, um das Warten auf Antworten verträglich zu gestalten. Doch was geschieht mit der unverträglichen Sprache, die in dieser Stadt auch gesprochen wird? Die Sprache der Mauer, die Sprache der Spaltung? Wird sie uns zur Stiefmuttersprache, Verständigung erschwerend? Bleibt sie nach der Einheit für immer fremd, fremdelt mit den Sprachen, die sich berühren?

Meine Lesesommer am Bosporus

An einem der Sommertage, an denen wir in Istanbul unsere Ferien verbrachten, ging ich mit meinem Vater jenen Hügel in der Altstadt hinauf, der zum Zeitungs- und Verlagsviertel führte. In diesem Viertel unterhielt mein Vater ein Büro. Jahrelang täuschte uns dieses immer bereitstehende Büro eine mögliche Rückkehr für immer vor, die jedoch nie eintrat.

Hier in diesem Regierungsbezirk der Osmanen, der »Hohe Pforte« genannt wurde, gab es damals auch die wichtigsten Buchhandlungen und Antiquariate der Stadt. Die Luft roch nach Papier und Blei aus den Druckereien. Unterwegs erzählte mir mein Vater von einem Buch, das ich unbedingt lesen müsse, wenn ich mein Interesse für Dichtung vertiefen wolle. Ich war fünfzehn Jahre alt und wusste noch nicht genau, ob ich das wollte. Ich hatte einige Gedichte geschrieben, eher nebenbei, auf Türkisch, in der Sprache, in der ich die meisten Gedichte las. Ich hörte meinem Vater nur flüchtig zu. Er hatte sich in Ausführungen verloren, die ihn in seine Jugend führten: die Buchhandlungen seiner Jugend. Einige existierten noch immer. In keiner aber war das Buch noch zu haben. Die letzte Ausgabe aus den Fünfzigerjahren war schon länger vergriffen. Also machten wir einen weiten Bogen, der uns zu den Antiquariaten führte, die sich in einem brunnengeschmückten Hof hinter dem großen Basar befanden. Brunnen und Platanen deuten in Istanbul auf wichtige Plätze hin. Plätze, die man in Erinnerung behält. Noch heute muss ich immer wieder an die kleinen Buchhandlungen denken, in denen alte Bücher in vielen Sprachen zu finden waren. Heute führen diese Geschäfte kaum noch alte Bücher, sondern Schulbücher, Bürobedarf, Neuerscheinungen. Selten wird noch eine Privatbibliothek mit wertvollen Büchern aufgelöst. Wir aber fanden das gesuchte Buch in einem Laden, dessen Besitzer sich überschwänglich über Kundschaft freute. Jedenfalls machte er seltsame Verbeugungen, als er meinem Vater das in schwarzes Leinen gebundene schwere Buch überreichte. »Ein seltenes Exemplar, ich kann Ihnen leider keinen Rabatt geben.« Wir waren ja auch bereit, jeden Preis zu bezahlen.

Avrupa Edebiyatı ve Biz von İsmail Habib Sevük. Der Verfasser ein Literat, der in der ersten Hälfte des 20. Jahrhunderts gelebt und gewirkt hatte, einer der vielen türkischen Aufklärer der ersten Stunde, deren Namen heute weitgehend vergessen sind. *Europäische Literatur und Wir*, so hieß sein Werk, das mich also weiterbilden sollte und meinen Vater in den Vierzigerjahren begleitet hatte.

Auf dem Schiff, das uns zu unserer Wohnung auf der asiatischen Seite hinübersetzte, konnte ich meine Neugier nicht mehr unterdrücken und packte das Werk aus. Es roch etwas schimmelig, hatte über sechshundert Seiten, und das Papier glänzte matt im Licht der untergehenden Sonne.

Goethes *Faust* war ein Kapitel gewidmet. Goethe, über den der bedeutendste Kultusminister der Türkei, Hasan Ali Yücel, in den Dreißigerjahren einen Roman geschrieben hatte. Ich habe versucht, das Buch zu lesen, fand es aber altmodisch und fade. Mich zog ein anderer Name aus dem neu erworbenen Buch an: Charles Baudelaire mit seinen *Blumen des Bösen*. Ich hatte eine Ausgabe in deutscher Übersetzung mit in die Ferien genommen und versuchte die Übersetzungen mit dem französischen Original zu vergleichen, das sich in der Bibliothek meines Vaters befand. Ein übermütiges Vorhaben nach einem Jahr Schulfranzösisch.

Europa war also in die Bibliothek meines Vaters eingezogen und hatte sich dort neben Hafis und Rumi einen Platz gesichert. Hafis aus dem persischen Schiraz war auch in Europa zu Hause. Europa und Wir. Dieses *und*, das manchmal ein widersprüchliches oder bemühtes Bindewort ist, schien mir keinerlei Anstrengung zu beschreiben, sondern eine Ergänzung, ein Miteinander, vielleicht auch ein Nebeneinander. Ich machte mir damals keine Gedanken darüber. Das Schiff, mit dem wir zur Abendstunde nach Hause fuhren, hatte Europa verlassen und legte auf der asiatischen Seite an. Es hatte keine zwanzig Minuten gebraucht.

Asien klingt in meinen Ohren wie eine geheimnisvolle Krankheit.

Aber die *Blumen des Bösen* wachsen in Paris. Sie wachsen wie eine Wunde, die immer wieder aufbricht. Ich schlage ein medizinisches Buch aus den Dreißigerjahren auf und erblicke drastische Bilder von syphilitischen Ausschlägen, Wunden, die sich nicht mehr schließen werden. Sie verfolgen mich in meinen Träumen. Asien aber bleibt ein Geheimnis.

Hasan Ali Yücel, dessen Namen man sich merken muss, nicht wegen seines Goethe-Romans, sondern wegen einer großen Idee. Eine große Buchreihe hatte er initiiert, *Die Klassiker der Weltliteratur*, viele Bücher, die zum ersten Mal in türkischer Sprache erschienen. Montaigne und Freud, Kant und Spinoza, Rumi und Ibn Arabi.

Eine Bibliothek der Kulturen in türkischer Übersetzung, in den Dreißigerjahren begonnen, als im Herzen Europas die kulturelle Finsternis ausbrach, fortgesetzt bis in die Fünfzigerjahre. Die Türkei hatte den Zweiten Weltkrieg und den Faschismus mit einer Buchreihe überbrückt, die Aufklärung aus Ost und West zusammenbrachte. Und darauf war ich stolz. Yücels Name ist auch unvergesslich verbunden mit den deutschen Hochschullehrern, die von den Nazis verfolgt wurden und Unterschlupf an den neuen türkischen Universitäten fanden. Hasan Ali Yücel war der Erfinder und Regisseur dieses ambitionierten Projekts, das zu einem der wichtigsten Pfeiler der türkischen Modernisierung wurde. Europäische Bildung vom Feinsten erreichte jetzt die türkische Jugend. Das humanistische Ideal einer aufgeklärten Gesellschaft begann in der Türkei zu wirken. Unter den Angeworbenen waren bedeutende Gelehrte wie der Geisteswissenschaftler und Philologe Erich Auerbach, der sein berühmtes Werk *Mimesis* in Istanbul schrieb. Oder der Stadtentwickler Ernst Reuter, der spätere regierende Bürgermeister von Westberlin.

Das »Exil am Bosporus« blieb lange Zeit wenig beachtet. Erst in den letzten Jahren sind vereinzelte bedeutende wissenschaftliche Arbeiten entstanden, wie die von der deutsch-amerikanischen Germanistin Kader Konuk, die sich mit Erich Auerbachs Werk und seinem Wirken in Istanbul beschäftigt hat. Dabei fände eine Kulturgeschichte, die die Dichotomie zwischen Morgenland und Abendland, zwischen dem Orient und Europa, überwinden will, gerade hier sehr viel bewegten und bewegenden Stoff. Doch nicht einmal die Lebensberichte der Gelehrten aus dieser Zeit, ihre Beschreibungen der frühen türkischen Moderne sind heute leicht greifbar.

Zwischen den Moscheen

Ich fahre nach Penzberg, Oberbayern. Wir wollen eine Moschee besuchen, die inzwischen landesweite Beachtung erlangt hat, nicht zuletzt wegen eines engagierten Imams, der aus Bosnien stammt. In den Sechzigerjahren kamen türkische Gastarbeiter hierher, die im nahen, inzwischen stillgelegten Bergwerk angestellt wurden. Auch meine Kindheit ist von den bayerischen Bergen geprägt worden, vom eigentümlichen Geruch in den Gaststätten, von Schmalz und Schweinebraten. Maximal unmuslimisch, trotzdem Heimat für mich.

Die Moschee, moderne ansprechende Architektur, offen, jedermann zugänglich, liegt am Stadtrand. In Deutschland gibt es in der Nähe von Industriegebieten meistens zwei Dinge: Bordelle und Moscheen. Die Muslime stört es nicht. Jedenfalls nicht öffentlich. Sie sind stolz auf jedes Minarett, das errichtet wird.

Was aber passiert im Inneren einer Moschee? Als Kind gehörte das Verschwinden von Moscheen aus meiner Umgebung zu einer einschneidenden Erfahrung. In Istanbul hatte ich Moscheen vor allem mit meinem Vater besucht. Frauen können natürlich ebenfalls eine Moschee besuchen, auch wenn sie sich, um zu beten, in einem separaten Raum aufhalten müssen. Meine Mutter aber stand diesen heiligen Orten gleichgültig gegenüber. Da mein Vater diese Besuche in der Moschee nicht nur zum Beten, sondern immer auch für Gespräche mit Freunden nutzte, dachte ich lange, dass die Moschee eine Art Kaffeehaus sei, in dem man zwar keinen Kaffee ausschenkt, in dem aber das Licht trinkbar zu sein schien. Moscheen sind meistens sehr helle Räume. Gott konnte ich mir nicht vorstellen, wohl aber das Licht, das die Gesichter der Menschen klarer macht. In solchen Gesichtern kann man Gedanken lesen. Doch in der Moschee wird der ganze Körper wichtig. Als ich einmal mit kurzen Hosen in einer Moschee war, wurde ich vom Imam streng zurechtgewiesen. Ich war acht Jahre alt und hatte von einem Kurzhosenverbot in einer Moschee nichts gehört. Ich sagte dem Imam, er solle sich an meinen Vater wenden, der mich mitgenommen habe. Mein Vater konnte gegen intolerante Menschen sehr jähzornig sein. Dem Imam dürfte es leidgetan haben, mich so unfreundlich angesprochen zu haben. Doch wer hatte recht? Darf ein kleiner Junge in kurzen Hosen in die Moschee? Ist die Moschee ein Ort, wo so etwas entschieden werden kann? Ich weiß es nicht, und es interessiert mich auch nicht. Viel bedeutender ist, was die Menschen, die eine Moschee besuchen, dort tun. Wir werden an unseren Taten gemessen, pflegte mein Vater zu sagen.

Anfang 2018, am Ende meines letzten längeren, fast zweimonatigen Aufenthalts in Istanbul, begann am Tage meiner Abreise der Krieg. Die Menschen strömten in die Moscheen und lauschten dort einer bestimmten Sure aus dem Koran mit dem Titel *Fetih*, die Eroberung. Der Islam scheint ohne Eroberung nichts zu sein. So entsteht Misstrauen gegenüber den Islamgläubigen, Misstrauen, das ihnen zu schaffen macht, über das sie sich immerzu beklagen. Ich frage mich, was eine militärische Intervention in der Moschee zu suchen hat. Krieg und Religion gehören für mich nicht zusammen. Von wegen, wird jetzt manch einer widersprechen. Gibt es nicht so etwas wie den Heiligen Krieg, unzählige Religionskriege in der Vergangenheit? »Heilig«, ein besudeltes Wort. Religiös verbrämte Kriegsstimmung verspricht Rückenstärke. Ist die Türkei des Jahres 2018 ein Land wie Japan in den Dreißigerjahren? Der Präsident ist Kaiser. Sein Volk Soldaten im Namen Allahs. Selbstaufopferung selbstverständlich. Hat man nicht zu Beginn des Jahrhunderts im sich auflösenden Osmanischen Reich die Japaner bewundert, weil sie dem Westen die Stirn boten? Aber wie erklärt sich dann der Terror Japans gegen Koreaner, gegen Chinesen? Die Japaner versklavten ihre asiatischen Nachbarn, um sie angeblich vor dem Zugriff des abendländischen Imperialismus zu schützen. Diese Rechnung war schmutzig und ging nicht auf. Noch heute wird Japan in der Türkei insgeheim verherrlicht. Selbst im schuldbeladenen Untergang wurde das Land zum Opfer westlicher Weltherrschaft stilisiert.

»Du wirst einmal Soldat!« So »tröstete« man in der Türkei meiner Kindheit Jungs, die sich wehgetan hatten. »Beiß die Zähne zusammen, das ist nichts, dir wird in deinem Leben noch Arges geschehen.«

Ich habe das Militär nicht mehr erleben müssen, als Deutscher, eingebürgert nach dem 29. Lebensjahr. Und war froh darum. Viele Türken aber drängt es ins Militär. Krieg ist in der Türkei des Jahres 2018 populär, Krieg im Nachbarland Syrien. Krieg gegen Kurden. Kleine Kinder, Mädchen wie Jungen, werden in Uniformen gesteckt und zu einem zukünftigen Märtyrertod beglückwünscht. »Hoffentlich werden wir dich dann mit der türkischen Fahne bedecken«, sagte der Staatspräsident vor laufenden Kameras einem Mädchen, das nicht einmal sieben Jahre alt gewesen sein dürfte. Das Mädchen weinte.

Nein, das ist nicht mein Land. Diese Bilder erinnern mich an die Tausenden von Minderjährigen, die für Hitler am Ende des Zweiten Weltkriegs in eine sinnlose Schlacht ziehen mussten. Manche von ihnen taten es verblendet, andere suchten Wege, das Schlimmste für sich und für andere zu verhindern. Ich bin mit diesen Erinnerungen aufgewachsen. Wie kann man sie einem Türken weitererzählen, der heute, politisch und ideologisch verblendet, bereit ist, sein Leben wegzuwerfen?

Es gibt Gründe, Angst zu haben, um die Türkei heute, um diesen Glauben, der Islam heißt, um meine Familie, in der keiner mehr die politischen Verhältnisse gutheißt. Die Türkei des Jahres 2018 ist mir fremd geworden. Ich reise aus und fliege nach Rom. Ich habe das Gefühl, zu Hause anzukommen, in einem Land, dessen Sprache ich kaum verstehe, in einer Stadt, in der ich niemanden kenne. Aber ich begegne hier meinen Sehnsüchten, meinen Ideen, der Welt meiner Vorstellungen. In der Türkei aber baut sich die Gegenwart wie eine Mauer auf zwischen mir und meinen Gedanken. Ich fühle mich gespalten, schmerzlich unfrei. Das könnte eine moralische Frage sein. Viele Menschen erfahren Ungerechtigkeit, es herrscht repressive Stimmung. Das ist inzwischen allzu gut bekannt. Aber es geht noch schlimmer zu, als man sich das vorstellen mag. Es ist eine Frage der Existenz, die sich fast für jedermann stellt. Denn es geht um die Quellen des Lebens. Um Atmen und Denken. Freiheit ist in der Türkei keine abstrakte Idee mehr, sondern ein versehrter Körper.

Jenseits der Zivilisationsgrenze gibt es keine kulturelle Vielfalt, keine Bikulturalität. Du musst dich immer entscheiden, für oder gegen etwas. Eine Entscheidung, die ohne einen moralischen Kompass, vor allen Dingen von Ängsten und Vorurteilen bestimmt wird. Als Deutscher ordne ich die Vorgänge in der Türkei ganz anders ein als jemand, der nur die Türkei kennt. Ich habe mich in die deutsche Geschichte vertieft. Ich bin sozusagen Experte in der Frage des Zivilisationsbruchs. Ich weiß, dass eine große, ruhmreiche Geschichte vor einer unrühmlichen Gegenwart nicht schützt. Ganz im Gegenteil, Geschichte ist zum Missbrauch freigegeben, wenn die Macht nicht per Recht eingeschränkt ist und institutionell kontrolliert wird. Wer tief in der deutschen und der türkischen Kultur verwurzelt ist, kann heute gar nicht anders als erschaudern. Die Kreuzungspunkte und Parallelen konzentrieren sich auf Volksverblendung, Populismus und den Bruch mit zivilisatorischen Mindestmaßstäben.

Die politische Verführung macht vor nichts Halt. Sie kennt keinerlei Maßstab. Nichts ist ihr heilig außer Machterhalt. Das Instrument der Politik wird zum Beil des Scharfrichters. Da, wo das Gesetz nicht einmal mehr zur Schambedeckung taugt, wird es zur Schnellfeuerwaffe des Ganoven.

Geheimnisse des Schreibens

In letzter Zeit werde ich oft Zeuge eines Streits über Sinn oder Unsinn, nach toleranten, menschenfreundlichen Zügen in der islamischen Religion Ausschau zu halten. Dabei gilt der Sufismus, das Erbe der islamischen Mystiker, als das lächelnde Antlitz eines im Allgemeinen pauschal als »Ungeheuer« unter den monotheistischen Religionen wahrgenommenen Islam. Waren es über Jahrhunderte nicht die Mystiker, die Brücken zwischen den Dogmen der Religionen bauten, ja diese Dogmen zum Einsturz brachten? Sie erscheinen uns heute näher denn je. Ein Hoffnungsschimmer? Eine Spur, die ins Freie führt? Oder machen wir sie, die Rumi, Ibn Arabi oder Attar heißen, mündiger, als sie jemals waren? Unweigerlich fällt einem dabei im deutschen Sprachraum Goethe ein. Keine Frage, Goethe, der vor über zweihundert Jahren seine Lebensachse zwischen Frankfurt am Main und Weimar zum Rotieren brachte, dieser Goethe schrieb einige der schönsten Sufigedichte überhaupt. Doch sagen diese Gedichte nur wenig über den Islam und die islamische Welt aus, sehr viel aber über den Dichter selbst. Sein Hoffen und Bangen, sein Glaube und seine Zweifel finden in ihnen eine neue Sprache, nicht weil er sich zum Kundigen macht, sondern zum Unwissenden. Zu einem, der sich traut, in die verborgenen Schichten seines eigenen Daseins vorzudringen und dort auf Freunde zu stoßen, die hierzulande kein Mensch kennt. Auf einen Hafis zum Beispiel.

Wir haben heute ein anderes Problem. Eins, das uns nicht zu feiner und feinster Dichtung führt, auch nicht zu uns selbst.

Es ist nachvollziehbar, dass im Zeitalter des religiös motivierten Terrorismus viele Blicke auf den Islam und seine Geschichte gerichtet sind. Der Islam ist zu einer globalen Problemstellung geworden, eine Weltreligion als Reflektor zahlreicher Weltprobleme. Hinter ihn kann man sich scharen und Ansprüche erheben. Dem muss man sich widersetzen. Ein Weltspiel auf niedrigstem Niveau.

Wie aber kommt man sich vor, wenn man in einer Kultur aufgewachsen ist, die von muslimischer Tradition geprägt wurde? Zum Beispiel als türkisches Kind mit diesen fremden arabischen Wörtern, mit einer Art Märchensprache, deren Zweck kommunikationsfrei zu existieren schien. So wie die Sprache der Märchen aus Tausendundeiner Nacht und ihrer abendländischen Fortschreibung durch Hans Christian Andersen und die Gebrüder Grimm. In den religiösen Überlieferungen, ob das Legenden waren oder auch Gebete und Heiligengeschichten, ging die Wirklichkeit fremd, in eine unbekannte Welt, die meine Fantasie anregte. Dieser Welt verdanke ich Inspiration. Sie ist mir Spielplatz gewesen, voll mit Abenteuern und unbekannter Topografie, die erschlossen werden musste. Einsame Stunden des Einzelkindes, das mit acht Jahren in ein fremdes Land gebracht wurde. Die Märchen reisten mit, ebenso wie der Koran, den der Vater mit geschulter Stimme vortrug, der aber auch auf Kassette von einem Meistersänger aus

Kairo vorgetragen wurde. Dieser Stimme eines Fremden, dessen Sprache eine fremde war, entlehnte ich den Klang meiner ersten Gedichte, die von einer Blume handelten, die verwelkte, bevor sie ihrer Bestimmung übergeben wurde.

Es war ein heimlicher Klang, den nur ich zu hören im Stande war. Diese Gedichte gingen bei einer der vielen Umzüge verloren. Was aber war ihre Bestimmung gewesen? Eine ungeheure Leere machte sich in mir breit. Ich stopfte diese Leere mit Texten, die mit der Zeit das Gerüst meiner ersten Gedichte ergaben. Ich übte die Sprache meiner Literatur entlang der Genregrenzen, entlang der Sprachgrenzen. Das tue ich heute noch. Lyrik oder Prosa ist keine Frage, die sich für mich als eine Gattungsfrage stellt, sondern als eine Provokation, die mich zur Grenzüberschreitung drängt. So wie der Koran, der immer als gedichtete, besser gesagt verdichtete Prosa dargestellt worden ist und alle Zeichen eines Mysterienbuches in sich trägt. Meine »Tausendundzweite Nacht«. Aber den Koran als Märchen zu bezeichnen, wurde von Erwachsenen nicht gutgeheißen. Keiner wird den Koran ein Märchenbuch nennen, es sei denn ein Kind. Nicht die Sufimeister schaffen Mysterien, die Kinder sind es mit ihrem naiven Glauben, mit ihrer offenen Geheimniskrämerei. Dem Islam geht in all diesen Jahren des Erwachsenwerdens der Spieltrieb verloren. Er wird zum Instrument, er wird zum Stoff, er gehört in die Werkstatt und die Hände von Mechanikern, die glauben, alles, was ihren Augen schief erscheint, reparieren zu können.

Mir aber kann niemand jene frei schwirrenden Assoziationen nehmen, die mir im Gedächtnis geblieben sind und die ich im Laufe des Lebens als Schriftsteller in meine Lebens- und Arbeitssprache verwandle. Wenn Worte an Gerüche, Stimmen und Farben erinnern, die man in keine andere Sprache übersetzen kann, entsteht in der Sprache ein persönlicher Code. Dieser Code ist alles andere als mechanisch. Er ist dehnbar, biegsam, alles umfassend. In ihm offenbart die Sprache ihr Geheimnis in Form von dichterischen Texten. »Sprachträume« wurde die poetische Eingebung früher auch genannt, in welcher Kultur auch immer.

Nichts von einem Code liest man in den Islamtexten von heute. Es sind viele Pamphlete, Streitschriften darunter. Doch wird man innerhalb kollektivistischer Wahrnehmungsmuster, gut oder böse gemeinter Deutungen des islamischen Glaubens, noch so etwas wie eine Privatsphäre haben können?

Eine Religion, die ihren Gläubigen keine Privatsphäre, keine persönliche Zugangsgeschichte mehr lässt, wird zur Überwachungszelle, zu einem abgeschlossenen System der Kontrolle und Unterdrückung. So funktionieren mehr schlecht als recht Sekten. Der Einzelne aber entfaltet sich entlang seiner Erinnerungen, die bis in die Kindheit zurückreichen und einen intimen persönlichen Zugang zum Glauben oder auch die Ablehnung des Glaubens ermöglichen.

Der Glaube hat in der Kindheit immer ein Gesicht, ein gütiges, ein grollendes, ein verzweifeltes, ein hoffendes, eines, das man im Laufe seines Lebens immer wieder und nicht selten verschieden erinnern wird. Dieses Gesicht zu erinnern, scheint für viele Muslime immer schwerer möglich, nicht nur wegen intoleranter, kritikscheuer Deutungen ihres Glaubens, sondern auch wegen des gutgemeinten Versuchs, den Islam vor den Muslimen und seiner problematischen Geschichte zu retten. Der Versuch, den Missbrauch der Religion durch Extremisten zu unterbinden, führt wiederum zu grotesken Verzerrungen und Instrumentalisierungen. So entpuppt sich die Inanspruchnahme des Sufismus, oder auch das Zitieren rationalistischer philosophischer Strömungen aus der Geschichte des Islam, für die Lösung der heutigen Krise als ein großes Missverständnis. Den Mystikern in der islamischen Tradition ging es nicht um eine Umdeutung politischer Ansprüche des Islam, von denen es schon immer viele gab, sondern um eine persönliche spirituelle Erfahrung, die in ihrer Radikalität gar nicht in Worte gefasst werden kann, sondern persönlich erfahren werden muss. Der Sufismus erschließt sich durch Gebet und Übung und nicht durch Toleranzedikte, die gutmeinende Kulturfremde der islamischen Tradition andichten.

Aber haben sich nicht so viele Reisende und Betende, Suchende, die größten Talente unter den Dichtern egal welcher Muttersprache und Hautfarbe, für den Sufismus, seine Legenden und Gedichte, das Leben und Wirken seiner Meister und Derwische begeistert, sich von ihnen inspirieren lassen? Warum stört mich dieser schöne Schein, der zugegeben auch das Antlitz und die Sprache des Betrachters verschönern kann? Denn die schöne Sprache ist ein Abglanz von Gottes Schönheit und die Schönheit Gottes nichts weniger als der Grund für die gesamte Schöpfung. Einen Zeugen hat sich Gott für seine Schönheit gesucht, also erschuf er den Menschen. So weit, so gut. Die mystischen Texte sind für jeden einsehbar. Sie erreichen das Ohr aller Weltenbewohner. In der Liebe gibt es weder Grenzen noch formale Ängste. Ein jeder kann vorbeikommen und seinen Geruch verströmen, seine Geschichte erzählen. Doch ist es eben seine eigene Geschichte, die er erzählt, und nicht die von anderthalb Milliarden anderer Menschen. Er ist es, der Platz genommen hat, in einer der schönen Ecken des Islam, zum Beten und zum Lauschen. Andernfalls wird Toleranz zur Belehrung. Ein Sichabmühen an anderen, ohne die eigene Haut abzustreifen. Wir lieben bei allem, was fremd ist, die klinische Klarheit, das grelle Licht der OP-Tische. Wie aber beleuchtet man die eigene Dunkelkammer?

Taugen der Sufismus, die mystischen Kräfte im Islam als Gegengift gegen religiöse Engstirnigkeit? Sie sind kein Mittel zum Zweck, keine Lehrmeinung unter anderen, sondern Gotteshauch, der im Menschen atmet. Es ist kein Alleinwissen, das allgemeine Gültigkeit beansprucht, es ist der Dialog zwischen den Deutungen, der die Wahrheiten der Sufis bestimmt. Lehre ist die Lehre, sich selbst zu kennen, lautet ein Vers des anatolischen Derwisch-Dichters Yunus Emre aus dem 14. Jahrhundert. In seinen Texten und jenen anderer Sufis lebt eine »Eins-zu-eins-Erfahrung« mit der eigenen Existenz auf der Welt, die weder Betrachtern noch

Kommentatoren Einlass bietet. Mystik ist keine unverbindliche Einladung, wie so oft angenommen. Sie bietet vor allem kompromisslosen Ausschluss an. Sie lädt den Menschen zu seiner einsamsten Stunde ein, zu einer Gegenüberstellung mit seiner eigenen persönlichen Geschichte, zur größtmöglichen Intimität. So berichtet der Mystiker von der eigenen Lebenszeit, in der Spuren aller Zeiten zu finden sind. Aus allen Zeiten, aus allen Körpern forme ich meinen Glauben, heißt es in einer anonymen Schrift aus der Epoche der Mongolenstürme. Zu modernen Zeiten haben Kundschafter und Forscher wie Henry Corbin oder Toshihiko Izutsu auf die tatsächlichen oder vermeintlichen Querverbindungen zwischen islamischer Mystik und jüdischer Kabbala, zwischen den Lehren der Sufis und fernöstlichen Denkweisen aufmerksam gemacht. Unsere Moderne ist nicht nur Ausbeutung und Kriegsführung. Sie spricht auch die Weltsprache des Geistes, die Sprache der Übersetzer, jene Sprache, die schon Goethe zugänglich war.

Wenn ich heute Zeuge von Debatten werde, in denen der Islam organisch skizziert, mit feinem oder grobem Schnitt seziert, der Sufismus als Allheilmittel gelobt oder verworfen wird, kommt es mir vor, als würde mir jemand beim Liebesakt zusehen. Denn in den Traditionen der Sufis gibt es für mich nicht nur Texte und Gesten, Gebete und Übungen. Es sind vor allem intime Vorgänge. Wege in die Kindheit, die mir überhaupt eine persönliche Biografie ermöglichen, eine, aus der heraus ich etwas erzählen kann, trotz des Misstrauens und der

Ohnmacht, mit der sich Menschen unterschiedlicher Prägung heute gegenüberstehen. Warum gerade diese Geschichte so wichtig wäre? Geschichten sind ja erst jene unverzichtbaren Gefäße, in denen wir Ideen transportieren.

Herkunftssplitter

Das andere Buch

Jedes Buch spricht anders zu mir. Mal in dieser, mal in jener Sprache. Ich versuche zwischen den Büchern zu übersetzen und bleibe jedes Mal stecken. Die Sprachen verknoten sich. Die Wörter haben kein Hinterland. Ich möchte mich festlegen, auf eine Sprache, eine Geschichte. Ohne Hinterland nicht möglich. Die Zunge rutscht ab. Graue Ränder lassen meine Abgrenzungen verschwimmen, Abgrenzungen zwischen Meer und Land, zwischen Tag und Nacht, zwischen Kirche und Moschee, zwischen den Häusern der Lehrer, zwischen Jungs und Mädchen, zwischen den Jahreszeiten.

Das andere Land

Man darf nicht in einem Flugzeug auswandern, so wie es meine Eltern getan haben. Damals im November des Jahres 1970. Ich verlor für immer das Gefühl für Grenzen, stumpfte ab gegen jede Art von Verlustschmerz. Zwei Koffer hatten meine Eltern dabei. Wo war der Rest? Was kann in diesen Koffern gewesen sein? Es kamen keine Umzugskartons nach. Was uns umgeben hatte an Möbeln, Gegenständen, Büchern, blieb in Istanbul. Auch Menschen, Stimmen, Gerüche ließen sich nicht mitnehmen. Ich schloss die Augen und wurde von einer beißenden Kälte empfangen. Winter, der anders riecht. Angenehm süßlich. Milch und Schokolade auf einem hohen Sitz. Eine Bar am Flughafen. Warten auf Abholung. Ich wundere mich über die rote Nasenspitze der Bedienung. Ist das eine Krankheit, oder ist das schön? Menschen hier sind rot an verschiedenen Stellen ihres Körpers. Wangen, Nasenspitze, Hals, ich stelle mir vor, auch am Bauchnabel. Ich hatte gerade den Bauchnabel entdeckt, als einen verborgenen Punkt am Körper, dem ich meine Geheimnisse anvertrauen konnte.

Meine Geheimnisse waren kleine Geschichten, die ich mir ausmalte, mit der Zeit vermischten sie sich mit Geschichten aus den Büchern, die ich las. In meinem Kopf verschwanden die Grenzen zwischen den Geschichten, zwischen den Sprachen, den Jungs und den Mädchen, zwischen den Träumen und den Filmen, die ich sah.

Ich stellte mir einen Jungen vor, der vom Schnee träumte und eines Tages in ein verschneites Land kam. Er war aufgeregt und versuchte alles zu vergessen, was er vormals über den Schnee gedacht hatte.

Herkunftsspalt

Ich bin nicht selten ungerecht gegenüber meiner Herkunft. Nervige, übergriffige Familienangehörige. Oder bin ich unberührbar geworden? Meine Herkunft hat viele Gesichter, auch solche, die mir nicht bekannt vorkommen. Sie sitzt tief in mir, ein zweiter Körper, und streckt mal die Zunge aus, mal einen eingeschlafenen Fuß. Aber dann schenkt sie mir wieder ein Gedicht in der anderen Sprache oder einen kleinen Prosatext in der hiesigen. Ich stecke wieder im Spalt zwischen meinen Heimatorten, meinen Körpern und Sprachen und versuche nicht hinunterzufallen.

Auswanderer brauchen Muskeln, damit sie nicht durch die vielen fiesen Ritzen fallen.

Lesehunger

Ich nahm als Kind jede Woche ein neues Buch in die Hand. Ich versuche mich an die Titel zu erinnern, die einzelnen Geschichten. Ich hatte ein großformatiges Heft mit dünnen blauen Linien. In dieses Heft habe ich Passagen aus den Büchern abgeschrieben. Ich suche nach dem Heft. Ich suche sehr lange, vielleicht Jahre. Gab es dieses Heft wirklich? Es findet sich schließlich in einem unbenutzten Koffer. Darin sind auch Bücher aus fernen Zeiten. Preiswerte Klassikerausgaben, handtellergroße gelbe Heftchen, deren Autoren die Zeiten überdauert haben. Nichts von all dem hilft mir, meine Erinnerungen aufzufrischen. Ich habe mit dem, was ich als Kind erlebt habe, abgeschlossen. Das dachte ich bis vor kurzem. Um nicht an meine Kindheit erinnert zu werden, bin ich in eine andere Stadt gezogen, von München nach Berlin. Doch Erinnerungen sind wie blinde Passagiere. Gut versteckt reisen sie mit einem um die Welt, um in einem unerwarteten Moment wieder entdeckt zu werden. Ich nehme die alten Bücher in die Hand und befreie sie vom Staub.

Der Bücherbus

Einmal die Woche kam der Bücherbus und hielt vor der Kirche. Ich bekam einen Ausweis. Ein Nachmittag, umgeben von Büchern, ihren farbigen Einbänden und ihrem Geruch. Der Fahrer, der zugleich die Bücher bewachte und auslieh, war ein pausbäckiger, wortkarger Mann, dem ein Arm fehlte. Ich malte mir aus, dass er im Krieg gewesen war. In jenem Krieg, über den ich mir Bücher auslieh. Wenn ich diese Bücher lese, komme ich den Menschen näher, dachte ich mir. Hier in diesem Land erzählen einem die Bücher die Geschichten, die man kennen muss, und nicht die Menschen. Den Büchern kannst du mehr vertrauen als den Menschen, hörte ich eine Stimme in mir sagen. Also lebte ich jetzt in einem vertrauenswürdigen Land. Ich fühlte mich sicher. Selbst in dem Wald, der hinter unserem Haus aus der Stadt hinausführte. Ich hatte das Gefühl, allein auf der Welt zu leben, wenn ich im Wald war oder in den Bücherbus stieg. Es beschlich mich aber keine Angst. Das Vertrauen war stärker als jede Furcht, denn ich musste mich nicht verbergen. Auch der Waldboden erzählte Geschichten, die im Winter vom Schnee bedeckt und von Mal zu Mal verweht wurden. »Stecke deine Nase nicht in Dinge, die dich nichts angehen« war die Devise meiner Verwandten. Kein Problem. Ich hatte eine kleine Nase. Was aber machen Menschen, die eine große Nase haben? Sie verlassen sich auf ihre Träume. Denn mit großen Nasen träumt man besser. All die verstauten Gerüche des Tages, sie nehmen im Traum Gestalt an und sprechen zu einem. Große Nasen wachen vergnügt auf. Sie sind immer in Gesellschaft. Manchmal aber träumen sie weiter und werden traurig, weil im Leben nichts dem Traum gleicht. Auch eine Liebschaft lässt sich nicht weiterträumen. Ich hatte eine kleine Nase und roch wenig. Ausnahmen waren der Wald und der Bücherbus. Die vielen alten Bücher sorgten im Bus für einen wohligen Geruch, der mich magisch anzog, so ähnlich wie der Wald mit seinen herben Düften nach jedem Regen. So wurden Regenjacke und Brille zu meinen liebsten Anziehsachen. Ebenso ein Paar feste Schuhe, mit denen man auf unebener Strecke weit laufen konnte. Ich wurde immer schmaler, um auch in dichte Stellen des Waldes vordringen zu können. Denn wenn der Weg nicht mehr weiterführt, beginnt die eigentliche Geschichte. Die Geschichte, von der ich gelesen hatte und die ich von keinem Menschen zuvor gehört hatte.

Ich wollte mich im Wald verstecken, um dort den Krieg zu überstehen. Ich begann die Nachbarn mit Fragen zu löchern, was denn im Krieg passiert sei, zum Beispiel in diesem Wald, in den niemand hineinging außer mir. Aber keiner war während des Krieges hier gewesen. Unsere Nachbarn waren hier nicht weniger fremd als wir. Doch sie hätten sprechen können. Sie hätten ganze Sätze formulieren können. Solche Sätze, wie sie in Büchern stehen. Oder im Wald verloren gegangen sind. Aber sie hatten keine Lust dazu.

Einbürgern

Ich wollte mich im dreiundzwanzigsten Lebensjahr einbürgern lassen. Ich schrieb deutsche Gedichte, für die mir die Stadt München ihren Literaturpreis verliehen hatte, also bin ich ein Deutscher, dachte ich. Der türkische Pass bedeutete mir nichts. Bedeuten mir Pässe überhaupt etwas? Mir geht es also nicht wie Buridans Esel, der sich zwischen zwei Heuhaufen nicht entscheiden konnte. Denn keiner der beiden Haufen weckt meine Gier. Deshalb suchte ich nach einer dritten Möglichkeit und fand nichts. Sollte ich nicht einfach auf beide Pässe verzichten? Eine theoretische Frage, denn ich habe ja nur den türkischen Pass und den deutschen nicht einmal in Aussicht gestellt bekommen. Wäre ich ohne diese mir eingebildete Gewissheit, zwei Pässe zu haben, ein anderer Mensch? Ich kramte in den Resten meiner

Vergangenheit, suche nach Gesprächspartnern, die ich lange vernachlässigt habe, schweige viel und werde träge, melancholisch, nachlässig. Es gibt kein Land, an das ich mich binden würde, für alle Zeiten. Aber es gibt eine Vergangenheit, in der ich mich für eine Weile einrichten kann, bis die Gegenwart mich wieder einholt.

Ich gehe in mein fünftes Lebensjahr zurück. Es ist das erste Jahr, aus dem ich mir Erinnerungen ausmalen kann. In diesem Jahr sind wir viel Boot gefahren. Das muss mit unserem Umzug von Ankara nach Istanbul zusammenhängen. Ich bin in Ankara geboren, bin ein Steppenkind. Das Leben aber beginnt für mich mit Erinnerungen an das Meer, mit unserem Umzug ans Wasser. Die Wohnung dürfte klein gewesen sein, aber Meerblick musste sie gehabt haben, mit einem Balkon, an dem die Schiffe anlegen. So sind wir immer Boot gefahren, um die Freunde meiner Eltern zu besuchen. Ich hatte hier noch keine Freunde und würde auch keine finden, zu kurz war die Zeit unseres Aufenthalts an diesem neuen Ort, ein Jahr und drei Monate. Zu kurz für ein Kind, das es nicht eilig hatte, nicht eilig zu wachsen, nicht eilig, in die Schule zu gehen, nicht eilig, dort anzukommen, wo man gerade war. So blieb immer ein Rest von mir unterwegs, richtete sich ein und ließ mich an vielen Orten Wurzeln haben.

Ohne Boote kann man nicht ankommen. Ein Flugzeug landet, aber es legt nicht an. Ein Auto parkt vor einem Haus. Es kann und darf nichts anderes berühren als die Straße. Ein Boot aber sucht eine Stelle zum Andocken, nimmt Berührung auf und wird festgemacht.

Ich hatte viele Fragen in meinem Kopf. Ich richtete meine Fragen an unsere Nachbarn in der neuen deutschen Stadt. Was hatten sie in ihrem Leben erfahren? Hatten ihre Erinnerungen keine Sprache? Sie kamen mir alle uralt vor, wahrscheinlich waren die meisten von ihnen damals in ihren Vierzigern, also geboren in den Dreißigerjahren des letzten Jahrhunderts. Sie erinnerten sich kaum an ihre Kindheit. Mir kam es so vor, als wären sie als Erwachsene geboren worden. Und die Älteren? Sie überhörten meine Fragen und stellten ihrerseits Fragen an mich. Ob ich denn unglücklich sei, ohne meine Kameraden aus der Türkei? Wann denn meine Eltern zurückzukehren gedachten? Ich wusste keine Antwort.

Zukunft und Geschlecht

Welches Geschlecht ich hatte, war mir lange nicht klar. Kann man ein Geschlecht haben, es besitzen wie ein Haus oder ein Auto? Kann man es loswerden, wie man einen Besitz abstoßen kann? Ich verlor oft Sachen. Wurde ich deshalb wie ein Mädchen behandelt? Oder lag es an meinem Interesse für Bücher und meiner Gleichgültigkeit gegenüber Kriegsspielzeug? Niemand wusste davon, dass ich immer, wenn mir langweilig war, und das war nicht selten der Fall, die Augen schloss und mir in Gedanken einen meiner Kameraden vorknöpfte. Ich peinigte ihn. Ich wählte immer Jungs aus, schlug sie mit stacheligen Ästen, die ich vom Rosenbusch des Nachbargartens entwendet hatte. Meine Opfer waren wehrlos. Sie erduldeten die Schmerzen, die ich ihnen zufügte, fast ohne Klagen. Das schien mich zu erregen, denn ich schlug immer heftiger zu, bis ich selbst den Schmerz fühlte, den ich anderen zufügte. Dieser Schmerz ließ mich zu mir kommen. Ich sah mich um und stellte verwundert fest, dass ich in einem mir gänzlich unbekannten Raum saß. Die Möbel waren weiß und aus Kunststoff. Alles, was meinen Eltern lieb und teuer gewesen war, die Holzböden, die tiefen Kupferschalen, die alten schweren Teppiche, schienen aus diesem Raum verbannt worden zu sein. In diesem Augenblick fühlte ich mich frei. Denn ich vermisste nichts. Keine Stimme, die sich an mich richtet, auch nicht aus einem Buch. Keine Vertrautheit. Keine Erinnerung. Ich befühlte meinen Körper, tastete mich ab, als suchte ich nach einem verborgenen, womöglich verbotenen Gegenstand. Ich hatte Brüste. Meine Brüste waren klein, aber sie hatten eine Form, die ich abtasten konnte. Ich versuchte diese Form zu beschreiben, ohne sie mit irgendeiner Frucht zu vergleichen. Spitze, feste Warzen, notierte ich mir in das große Heft. Sie tun weh, sie tun verdammt weh.

Schon im nächsten Moment war alles vergessen. Alles Aufgeschriebene ist im nächsten Moment vergessen. So ist das mit dem Schreiben, so ähnlich wie mit der Zeit. Es existiert im Leben nur das Vergessene, die vergangene Zeit. Irrtum zu glauben, das Vergessene sei nur eine Leere. Es ist immer gut gefüllt und lastet schwer im Herzen. Das war nun kein origineller Gedanke. Im Bus der

Bücher gab es ein Buch mit diesem Titel: *Auf der Suche nach der verlorenen Zeit*. Marcel Prousts Werk umfasste mehrere Bände. Der Autor musste lange auf der Suche gewesen sein. Und wahrscheinlich hatte er am Ende nichts gefunden, weil es ja kein Ende gibt. Die Suche geht immer weiter. So wie das Lesen immer weitergeht. Wie kann man nur an den Tod glauben? Der Tod ist ja immer da, und trotzdem geht das Leben weiter. Das Leben, das aus Vergessen und vergangener Zeit besteht.

Vom Gespräch auf der Ausländerbehörde

In einem Traum muss ich einen Fragebogen ausfüllen. Ich werde nach Krankheiten gefragt, die ich gehabt habe. Ob jemand in meiner Familie in der NSDAP gewesen sei. Der Grund meines Einbürgerungsantrages? Diese Frage beantworte ich als Erstes: Hoffnung auf höhere Honorare. Nach dem Aufwachen keinerlei Erinnerung, ob und wie ich die anderen Fragen beantwortet habe.

Ich komme ohne die deutsche Staatsbürgerschaft in Berlin an. Meine Träume von ausgefüllten Formularen, um die Staatsbürgerschaft zu bekommen, nutzen nichts. Stattdessen gibt es ein kurzes Gespräch, in der Poccistraße in München, Kreisverwaltungsreferat, Ausländerbehörde, dort muss ich jedes Jahr meine Aufenthaltserlaubnis verlängern.

»Sie haben keinen Anspruch auf die deutsche Staatsbürgerschaft«, erklärt mir der Beamte in ruhigem Ton.

Der Sachbearbeiter bearbeitet mich gerade als Sache. »Wieso?« Er wird etwas ungeduldig.

»Schauen Sie her, Sie verdienen doch gar kein Geld, Sie sind noch Student, und dieser Preis da, den Sie bekommen haben, der wird Ihnen doch nicht jedes Jahr verliehen, oder?«

Er schaut dabei nicht mich an, sondern die Kopie des Briefes der Stadt München, der mir die Verleihung des Preisgeldes in Höhe von 12 000 DM ankündigt.

»Trotzdem meinen Glückwunsch.«

Ein seltsames Gefühl begleitet mich seitdem in den Behörden. Nirgendwo kann man freundlichere Ablehnungen, Abweisungen erfahren.

Die ewige Passfrage

Manchmal schließe ich während meiner Lektüre die Augen und höre eine Stimme, die weiterliest. Ich kann nicht prüfen, ob diese Stimme, die, obwohl immer wiederkehrend, niemals die gleiche ist, den Text wiedergibt oder ihre eigene Geschichte erzählt. Vielleicht lässt sie auch nur meine Zunge sprechen, und wenn ich die Augen wieder öffne, habe ich plötzlich einen Text vor mir, von dem ich behaupten kann, ich hätte ihn geschrieben. Ich schreibe also die Fortsetzung eines fremden Textes. Ist nicht jeder Text schon einmal gesagt worden? Die Sprache ist nicht unendlich. So gesehen gehört mir nicht einmal mein Name. Ich spreche ihn korrekt aus.

Schreibe die korrekte Aussprache Buchstabe für Buchstabe auf eine Serviette. Wäre die falsche, aber vertraute, hiesige Aussprache nicht echter, wahrer, wirklicher, zeitgemäßer? Ich bin nicht echt. Ich bin nicht wahr. Ich bin nicht wirklich. Ich bin ich. Ist das eine wegweisende Aussage für meine Passfrage? Ich bin ich, habe zwei Hände, warum also nicht zwei Pässe? Mich gibt es ja nicht wirklich, wenn ich darauf bestehe, nur ich zu sein. Ich selbst. Ein ich allein mit sich.

Es gibt haufenweise Widersprüche, aber keinen einzigen gültigen Anspruch auf Eindeutigkeit. In Berlin angekommen, habe ich meinen türkischen Pass in der Tasche. Die Mauer ist gefallen, und einige Augenblicke lang kann man fest daran glauben, dass es nie wieder Pässe geben wird, nie wieder Passkontrollen, nur Passagen, freie, für jedermann zugängliche Passagen.

Ich nenne sie Freunde

Sie haben lange vor mir gelebt. Aber ich begegne ihnen auf Schritt und Tritt. In den Büchern, die ich studiere. Sie haben diese Bücher geschrieben, als würden sie an Häusern bauen. Ich kann ihre Bücher bewohnen und fühle mich in ihnen wohler als in meinen wechselnden Zimmern. In diesen Büchern weht der Wind aus dem Osten. Es ist nie windstill. Als wolle sich der Osten in Erinnerung rufen. Dabei ist er immer da, sogar in der Stadt, in der ich lebe, in Berlin. Der Wind trägt Gerüche, die mir vertraut sind, ohne zu wissen, woher und warum. Ich finde viel Platz in diesen Büchern, zwischen fremden Begriffen, die mir Fragen stellen.

Es beginnt ein langes Gespräch. Meine Gesprächspartner sind neugierig. Sie fragen mich nach meinen Träumen. Nur im Traum kann man sich mit Toten unterhalten. Ich träume viel, seit ich in diesen Büchern lese. In diesen Büchern ist oft von Derwischen die Rede. Mal heißen sie Liebesentbrannte, mal Wandermönche, mal Sufis. Für mich sind sie Namenlose. Sie existieren nur durch ihren Atem, der aber kennt keine Grenzen und keine Zeit. Die Derwische entgrenzen meine Welt. Ich lese in den Büchern von der Sehnsucht nach ihnen. Jeder Einzelne mag einen Namen haben, aber existieren kann er nur ohne die Grenze des Namens entlang entlegener Gebirgsstraßen. Seit ich studiere, will ich Reißaus nehmen, Reisen in die Ferne unternehmen. Manchmal habe ich das Gefühl, ich werde wiedergeboren. Genau an jenem Ort, an dem meine Mutter mich auf die Welt gebracht hat.

Meine Freunde haben mehr oder weniger berühmte Namen. Aber niemand scheint sich mehr an sie zu erinnern. Ritter, Schimmel, Taeschner. Sie antworten nicht, wenn ich sie bei ihrem Namen rufe. Ich muss immer den Namen ihres Liebsten aufsagen, damit ich eine Antwort bekomme. Bei Schimmel zum Beispiel Mawlana Dschalaleddin. So wird eine Frau zum Mann. Aber selten Männer zu Frauen. Denn die Liebe zu Frauen im Osten bleibt geheim. In diesen Büchern stoße ich aber auch auf viele Geheimnisse. Lieblingsorte zum Beispiel, ein

Brunnen, eine Moschee, eine Ortschaft. Immer geht es darum, etwas festzuhalten, das zu verschwinden droht.

Einmal fragen mich meine Zeitgenossen höhnisch, ob ich denn Imam werden wolle. Sie haben nichts übrig für die vergangene Zeit, die alten Schriften, die Glaubenswelt, die zum portablen Schlachtfeld geworden ist. Wenn sie nur wüssten, wie viel Frieden in diesen Büchern ist, welche Ruhe das vergilbte Papier ausstrahlt, wie vertraulich und zart die Buchstaben zusammenrücken, wenn das Auge sie überfliegt. Diese Schriften sind für mich wie eine Geste, die mir die Angst nimmt, allein auf dieser Welt zu sein, allein und ohne Wurzeln. Eine Geste, die das Fremde heimholt, nicht nur einen Platz anbietend, sondern auch vertrauliche Freundschaft.

Zweisein

Jeder von uns wird von zwei Menschen geschaffen. Ich aber fühle mich wie zwei Menschen. Ich fühle das nicht nur, ich finde es auch vor. Ich nenne meine beiden Körper Vor- und Rückkörper. Verwechslung. Manchmal schlafe ich auf der Nase und finde meinen Rücken entblößt, voller Sehnsucht nach dem anderen Körper. Aufwachen in einer tropischen Nacht, voller fremder Gerüche im Raum. Das bin ich, der immer auf Reisen ist, der andere meiner Körper steckt in den Büchern fest. Die Bücher handeln von meinem Reisefieber.

Heimatspuren

Klänge und Assoziationen

Heimat ist selten Gegenwart. Sie lebt von und in der Erinnerung. Heimat ist dort, wo man leben lernt. Leben lernte ich in den Siebzigerjahren in München. Die bayerische Metropole wurde mir zur Heimat, weil ich in dieser Stadt mit dem Schreiben begann. Aber vor dem Schreiben kamen das Lesen, die regelmäßigen Besuche im Bücherbus, in den Stadtbüchereien, die Entdeckung der Dichter des 20. Jahrhunderts. Die kleine Bücherei in München-Solln wurde mir zu einem zweiten Zuhause, später nach meinem Umzug in die Innenstadt war es die Bücherei am Viktualienmarkt, die besonders gut mit Lyrikbänden ausgestattet war.

Dort traf ich auf die Werke von Seferis, Lorca und Bachmann, auf Ungaretti und W.C. Williams. In der Literatur aus dem Ausland suchte ich nicht nach türkischen Namen, sondern nach unbekannten. Das Neue regte mich an, ließ mich ahnen, dass die Welt weit und voller spannender Entdeckungen ist. Dichtung zu lesen, ist seitdem so etwas wie Fernwehstillen für mich, und das Schreiben von Dichtung hat auch etwas mit Fernweh zu tun.

Heimat ist dort, wo man leben lernt, und leben lernt man nur, wenn man die Weite der Welt begreift. Das klingt wie ein Paradox, aber es ist für mich nun einmal der Schlüssel zur irdischen Existenz des Menschen.

»Ich berieche die Dichter«, antwortet ein Wanderer des Orients auf die Frage, was er denn in den fernen fremden Ländern zu suchen habe. Ich beroch die Dichter Spaniens und Amerikas, Italiens und Arabiens bei mir zu Hause. So wurden aus den kleinen Räumen, die ich bewohnte, ferne Kontinente und unbekannte Landstriche.

Niemand wird etwas davon erfahren, was du tust, dachte ich mir, bis ich eines Tages auf ein Mädchen traf, von dem ich glaubte, dass sie es war, für die ich alles geschrieben hatte. Ich las ihr meine Gedichte vor, und sie nahm sie mit. Ich fühlte mich ohne meine Gedichte heimatlos, also folgte ich der Spur des Mädchens und kam auf unbekannte Wege, auf denen ich nur Fremden begegnete. Lebte das Mädchen nicht im selben Land wie ich? Ich hatte mein Land, dieses mir bekannte Deutschland, nicht verlassen. Aber die Menschen taten so, als würden sie mich nicht kennen. Plötzlich erschienen mir die Fremden als Fremde, denn ich vermisste das Mädchen, das sich von mir getrennt hatte. Ich kam nach Hause zurück, und der kleine Raum, den ich bewohnte, erschien mir groß und leer. Von da an wurde alles anders. Ich fand kein Zuhause mehr, und alle Gedichte hatten Heimweh. Diesen Schmerz, den man bei einer zerbrochenen Liebe empfindet, trägt der Heimatlose in sich. Er wird selten darüber sprechen, denn die tiefsten Schmerzen sind geheim.

Ich wunderte mich also nicht darüber, dass in den Büchern so wenig über diesen Schmerz steht, obwohl viel von zerbrochener Liebe die Rede ist. Aber Reden ist nicht Empfinden, Sprache nur eine brüchige Bahre, auf der man von einem Unglücksort zum andern getragen wird. In Berlin kam ich an, als die Stadt ihre glücklichste Stunde feierte. Ein Paradox, das mir eine neue Form des Schreibens schenkte, die mir in München versagt geblieben war: den Essay.

Der Essay ist ein unfertiges Gebäude. Und Berlin war gleichfalls unfertig. In Berlin wohnte man damals in unfertigen Wohnungen und hatte unfertige Beziehungen. Der Gedanke an Heimat kommt dann nicht auf. Man ist ein für alle Mal davon befreit. Es sei denn, man zieht aus der Stadt hinaus und fühlt sich im Umland verlassen und vergessen. Die Stadt umgab ein Land, das damals von vielen Menschen verlassen wurde. Dieses Umland spiegelte die Leere, die entsteht, wenn jemand fortzieht, und schuf eine besondere Stimmung. Ich bin in Berlin geblieben, immer schön in der Mitte, dort, wo der Atem am dichtesten ist. Großstadtatem. Doch davon war mehr in alten Filmen zu erfahren als in der Gegenwart. Also flüchtete ich in Filme. Schwarzweiß. Die Jahre vor meiner Zeit. Das stumme Berlin, das laute Berlin, das leere Berlin, das überfüllte Berlin, Bahnhöfe, die noch intakt sind. Trennungen, Liebschaften, Mauerreste und Leerflächen, Berlin in den Neunzigern, eine

Lebensadresse, um die letzten Briefe zu schreiben aus einer untergehenden Welt.

Heimat und Liebe sind also ein Paar. Ihr Dasein wird von Bedingungslosigkeit bestimmt. Sie fordert Einzigartigkeit heraus, und das altmodische Wort »Treue« wird in diesem Zusammenhang wieder aufgefrischt.

Mit diesem Heimatgefühl scheinen nicht nur viele Migranten zu fremdeln, sondern auch moderne Zeitgenossen, die innerlich in der Fremde sind oder die Fremde mit sich tragen. Unser Verhältnis zur Heimat ähnelt immer mehr Eheverhältnissen in einer offenen Beziehung. In der offenen Beziehung wird die Bedingungslosigkeit aufgehoben. Gründe ersetzen sie. Die Gründe können sich gegenseitig relativieren und ein neues angenehmes Gleichgewicht schaffen, oder sie bedrängen einander und lassen den Atem knapp werden. So wird man getrieben, lässt man sich treiben, immer an der Oberfläche, mit der Nasenspitze im Freien.

Lässt sich Bedingungslosigkeit in zwei Sprachen erfahren? Was ist die Mehrzahl von Heimat?, fragte einst der Schriftsteller Kemal Kurt. Im Türkischen wie auch im Deutschen bedingungslos fantasieren, das wollte ich. Ich wollte Gedichte schreiben in beiden Sprachen. Das war die Voraussetzung. Ohne sie wäre ich verstummt. Ich habe mir nie ausgemalt, was geschehen wäre, wenn ich nicht hätte schreiben können, in diesen beiden Sprachen, die mich beide herausforderten, bedingungslos, herrisch, einstweilen grausam, um mir dann den einen oder anderen Moment der Zärtlichkeit zu gestatten. Die Zärtlichkeit der Sprache ist nicht nur geistig, sie ist auch körperlich spürbar. Schreibgenuss hat eine erotische Dimension. Und der Entzug ist Strafe auf hohem Niveau. Sprache erfordert Hingabe, für diese Hingabe wird der Autor belohnt. Gut formulieren bedeutet, in der Hand der Sprache zu sein. Wer aufbegehrt, verliert seine Fantasie und wird zum Bürodiener. Wer sich in eine Amour fou mit zwei Sprachen begibt, kann nur demütig sein, der Weg ins Büro ist ihm versperrt, denn er hat zu viel gesehen und zu viel gehört, zu viele Geheimnisse wurden ihm anvertraut, keine der beiden Sprachen möchte, dass eines dieser Geheimnisse der anderen verraten wird. Sie fordern Bedingungslosigkeit. Wenn die Sprache einem kein Vertrauen mehr schenkt, hat man es sich mit der Sprache verscherzt. So bleibt mein Verhältnis zu jeder einzelnen Sprache auch mein Geheimnis. Ja, dafür kann man mich beneiden. Ich verstehe sogar die Häme, die daraus entsteht, den Neid. Doch dieser Neid, der mich vielleicht hier und da von meinem Leser fernhalten kann, wird meinen Sprachen nichts anhaben können.

Der Zweisprachige, der nur in der einen Sprache schreibt, muss immer einen Grund dafür angeben. Diese Sprache sei ihm näher als die andere, er könne sich in der anderen nicht mehr so gut ausdrücken und so weiter. Gründe lassen sich immer anführen, aber keinen dieser Gründe kann der literarisch Schaffende für sich in Anspruch nehmen. Seine Beziehung zur Sprache wird von Bedingungslosigkeit bestimmt.

Wenn die Sprache verletzt ist, wird auch der Körper verletzt.

Sinn und Widerspruch

Oft werde ich auf Widersprüche in meinen Aussagen oder gar in meinem Leben hingewiesen. Selten wird dieser Hinweis von einer Neugier begleitet. Er klingt oft wie ein Vorwurf. Soll ich mir Gewissensbisse einbilden, die ich nicht habe? Besteht Anlass zur Sorge?

Wir haben alle unsere Widersprüche, so wie wir unsere Geheimnisse haben. Manchmal ist ein Geheimnis auch der Auslöser eines Widerspruchs. Man lernt, Widersprüche zu akzeptieren, ja zu lieben, die sich nicht auflösen lassen. Das ist die Grundlage eines jeden Friedens. Im Einklang mit sich selbst sein heißt, im Einklang mit seinen Widersprüchen zu leben.

Die Bewegung, die bei der Begleitung eines Widerspruchs entsteht, erinnert an den Tanz der Derwische, an dieses Drehen um die eigene Achse. Nie kommt man auf denselben Punkt. Wem ein Punkt auf der Erde genügt, der möge keinen Widerspruch in sich tragen. Gedanken aber springen viel schneller, als ein Tänzer sich drehen kann. Doch der Widerspruch kann auch Stillstand bedeuten, eine Blockade im Kopf und einen Riss im Leib.

Die Türkei, in der ich aufwuchs, war ein Paradies der Widersprüche. Ein Land, das sich mal tänzelnd vorwärtsbewegte und ein andermal den Eindruck erweckte, sich selbst zu blockieren. Ein unruhiges, zittriges Stillstehen. Das zerfallene Imperium hatte staubige Reliquien in Wohnzimmern hinterlassen, alte Bücher und Gegenstände und überall diese Schriftzeichen, die keiner mehr lesen konnte. Mit dem Verbot arabischer Schriftzeichen und dem Ersetzen durch lateinische Buchstaben waren die Türken zu Analphabeten ihres Erbes geworden.

Der Fortschritt sollte messbar sein. Und eine Angelegenheit der Sinne. Es gab sogar altmodische und moderne Gerüche, Rosenwasser lag mit Eau de Cologne im Clinch. Fenster öffneten sich auf permanente Baustellen. Dort wuchsen immer größere Gebäude, breitere Straßen, allesamt gesichtslos, charakterlos. Nomaden hatten ihre Zelte verlassen und sich in Städten niedergelassen. War das kein Widerspruch? Es durfte kein Widerspruch sein, kein Drehen um die eigene Achse, um voranzukommen, sondern ein Wettlauf um die Zeit, ein Langstreckenlauf. Leichtathletik war nie die Stärke der Türken. Eher Ringen, Gewichtheben. Sportarten für Platzhirsche. Lieber sich um die eigene Achse drehen als von A nach B Marathon laufen.

Ich wuchs in einem Land auf, das von Vertreibungen und Völkermord gezeichnet war. Doch diese Ereignisse hatten im türkischen Gedächtnis keinen Platz. Ich habe nur eine konkrete Erinnerung an die Türkei meiner Kindheit. Ich sehe ein herausgeputztes Schulkind, gekleidet für einen Festtag, mit vorgefertigten Sprüchen auf der Zunge. Ich erinnere mich an Vokabeln wie Stolz, Nation, Ehre. In Deutschland vergaß ich diese Wörter. Sie wurden ersetzt durch Milch, Butterbrot, Schokolade.

Milch, Butterbrot, Schokolade. Vokabeln des Lebens. Sie klingen für mich nicht nach Landesverrat. Aber ich liebe ja auch den Widerspruch.

Gruppenbild mit Fremden

Im vergangenen Winter hielt ich mich für zwei Monate in Istanbul auf und erntete dafür großes Unverständnis in meinem Freundeskreis in Deutschland. Ohne Not in die Türkei fahren, wo doch so viele Menschen das Land verlassen wollen, andere ohne Grund eingesperrt sind. Ob ich denn ein Masochist sei? Ich habe viele Freunde, die aus den verschiedensten Gründen das Land nicht verlassen können. Ja, die Zustände sind noch schlimmer, als man sie sich ausmalen könnte. Just zu dieser Zeit möchte ich ausloten, ob ich noch in der Türkei leben könnte. Diese Reise ist keine Urlaubsreise, auch keine Reise, weil ich eine Einladung bekommen habe, sie ist einfach eine Fahrt in die Türkei, in mein Geburtsland, um den Versuch zu unternehmen, etwas zu verstehen. Was bedeutet mir dieses Land noch? Ist meine Bindung an die türkische Kultur, die Literatur und die Sprache abhängig von meiner Präsenz vor Ort? Oder ist das Heimatland im Kopf portabel? Könnte ich in Istanbul zu Hause sein, so, wie ich in Berlin zu Hause bin? Oft wird mit Bildern operiert, die nach einer Beschreibung des Fremden suchen, wenn man über Einwanderer und Einwanderung spricht. Bei mir ist es umgekehrt. Ich sammle das Vertraute, denn ich fühle mich weder in Berlin noch in Istanbul fremd. Nicht einmal in München, in der Stadt, in der ich aufgewachsen bin und die ich freiwillig verlassen habe. Meine Berliner Freunde teilen meine Zuneigung für München nicht. Zu aufgeräumt, ja spießig. In Istanbul habe ich mehr Freunde als in Berlin. Nein, ich bin kein Fremder in Istanbul. Das dachte ich jedenfalls immer. Ich machte mir nicht einmal Gedanken darüber. Sehnsucht überkam mich manchmal, wenn ich die Meeresenge, die zwei Kontinente voneinander trennt, länger nicht gesehen hatte. Istanbul ist eine Stadt, die weiß, was Trennung bedeutet.

Dieses Mal aber musste ich feststellen, dass sich meine Freunde in Istanbul inzwischen fremd in ihrer Stadt, in ihrem Land fühlen. Überall ist Heimatnot spürbar. Heimatnot gibt es, wenn man die Heimat verloren hat, ohne sie jemals verlassen zu haben. Wo sollen wir denn jetzt hin? Das wird zu einer drängenden Frage. Dringlich und rhetorisch zugleich. Rhetorische Fragen, die Existenz betreffen, sind immer bedrohlich, unheimlich. Da ich aber wusste, wohin ich zurückgehen würde, hatte ich ein ungutes Gefühl. Rasch gab ich es auf, meine eigenen Gefühle bezüglich einer türkischen Zugehörigkeit auf den Prüfstand zu stellen.

Ich kam mir vor wie ein Westdeutscher, der die DDR besuchte. So ähnlich hatte ich mir das ausgemalt und dennoch nicht richtig vorstellen können. So weit war die Türkei wohl noch nie von Europa entfernt und ein Teil der Türken wohl noch nie von dem anderen. Überall Mauern, die keinen Schutz bedeuten, wohl aber Abschottung und Haft.

Jeder dieser Teile in der Türkei hält sich wohl für das Ganze. Die alevitische Türkei, die säkulare, weltoffene Türkei, die sunnitische, traditionelle Türkei. Dabei ist die Spaltung im Land geradezu schmerzhaft spürbar. Nationalismus, sektiererischer religiöser Wahn und klare Feindbilder stützen die autoritäre Herrschaft des Präsidenten. Seine Gegner sind mit einem Bein »Landesverräter«, mit dem anderen Bein dabei, das Land zu verlassen. Sie werden als »gottlose Gesellen« angesehen, als Fremde im eigenen Land, ihre Kultur ist die Kultur von Fremden. Xenophobie macht sich breit. Das Fremde wird als so gefährlich angesehen wie eine ansteckende Krankheit.

Was mich schockiert, ist der Spalt in meinem Inneren. Warum schmerzt es mich so sehr, dass ich nur noch sehr schwer einen Bezug zur islamischen Tradition aufbauen kann? Nur noch widerwillig mich selbst als Muslim bezeichne? Ich weiß, dass es keine Glaubensfragen sind, die mich quälen. Es sind inzwischen moralische Fragen. Die Moscheen sind mir zu fremden Orten geworden, weil ich mit den meisten Menschen, die sie besuchen, weder Weltsicht noch Werte teile. Dabei komme ich mir manchmal überheblich vor. Nein, ich bin kein besserer Mensch, aber ich empfinde Scham vor dem Fehlgehen. Ich suche seelenringend nach Brüdern und Schwestern, mit denen ich die Scham teilen kann. Eine mühsame, bürdenschwere Suche.

Schritt halten mit den Gedanken, die hie und da sind. In der Tiefe des Bodens vernetzte Wurzeln. Beim Auswandern von einem Land ins andere muss nicht mehr viel mitgenommen werden. Was zurückgelassen wird, ist abrufbar. Die Vernetzung des Geistes ähnlich der Vernetzung im Erdboden.

Wer tief wurzelt, der wandert nicht aus, sondern immer weiter ein. So bin ich in Istanbul auch immer etwas in Berlin. In Berlin auch immer etwas in Istanbul. Wäre ein Leben in einer bestimmten Provinz mit abgerissenen Fäden zu einem anderen Ort nicht einfacher? Vielleicht. Aber es würde meiner Lebenserfahrung nicht entsprechen. Für mich gibt es weder ein Dazwischen noch Heimatlosigkeit. Mein »Ich« ist immer auch ein Anderer.

Ich finde mich in nur einer Sprache nicht zurecht. Ich brauche zwei Sprachen, um übersetzen zu können. Zwei Heimatschilder und den mal langen, mal kurzen Weg zwischen beiden.

Die Gegenwelt

Es wäre vermessen, so zu tun, als gäbe es diese Welt nicht, die hermetisch sein möchte, mit Bewohnern, die untereinanderbleiben wollen. Ein abgeschottetes Kindheitsparadies? Eine Idylle, wenn man bedenkt, wie viele Kindheitshöllen es gibt. Aber zur Idylle gehört Harmonie und zur Harmonie eben auch Homogenität. So wird landauf, landab gedacht.

Dresdner mit Dresdnern, Sunniten mit Sunniten, weiße Katholiken mit weißen Katholiken. Was macht einen Dresdner aus? Der Dialekt? Die Küche? Die Elbe? Vielleicht ist es die nahe Grenze, die empfindlich macht gegen alles, was von außen kommt. Man kann sich selbst genügen. Wird das Leben so nicht erträglicher? Ohne Fremdsprachen, Hautfarben, Gerüche?

Der Rassismus ist längst keine bedeutende politische Ideologie mehr. Das war er eigentlich nie. Doch er hatte immer die Kapazität, anzustecken und sich fast unbemerkt auszubreiten. Er hat sich in unseren Nervenzellen festgesetzt. Er kann aus unserem Körper nicht mehr weggedacht werden. Man kann ihn auch nicht mental bekämpfen, sowenig man einen Krebs nur mental besiegen kann.

Ich fahre regelmäßig nach Dresden, seit Jahren, von Berlin aus. Grenzregionen faszinieren mich. Ich fahre gerne an die Grenzen und stelle immer wieder fest, dass es diese auch vor meiner Haustür oder in meinem Haus gibt. Lebensläufe sind oft wie Flüsse zwischen den Menschen. Dresden gibt es auch in Berlin, aber man braucht tiefere Gräben, höhere Mauern in der großen Metropole, um sich abzuschotten. Stadtteile und Straßennamen können schicksalhaft sein. So ist das in New York City, in Paris. Aber in Berlin? Wir sind eine Pendlerstadt, eine Stadt in Bewegung. Viele haben einen Koffer hier, das hat sich nicht geändert. Und ebenso ziehen viele weg, andere kommen nach. Man muss nicht hier leben, aber es gibt auch keinen Grund, nicht hier zu leben. Ich liebe Berlin gerade wegen dieser Unverbindlichkeit, die auch Leichtigkeit bedeutet. Berlin, die luftige Stadt. Lasst sie so bleiben.

Derjenige, der zwischen den Ufern hin- und herpendelt, zwischen den Welten hin- und herwandert, bringt mehr als ein Grenzopfer, er wird zum Chamäleon oder zum Fährmann. Freundliche Nachbarn sehen in mir den Fährmann. Andere beäugen mich misstrauisch, wenn ich die Ufer wechsele. Dass meine Welt eine andere berührt, scheint für sie ausgeschlossen, doch wie bewege ich mich dann über Grenzen. Illegal? Es wird nicht ausgesprochen, aber Grenzübertritte sind in der als hermetisch abgeschlossen fantasierten Welt der Einheimischen immer illegal. Denn sie stören nun einmal die einheitliche Ordnung.

Ich will wissen, wie es in dieser Welt des Heimischen aussieht. Dazu muss ich mich assimilieren. Dazu muss ich immer von Berlin weg. In Berlin kann man sich nur schwer assimilieren. Diese Stadt lebt von der Oberfläche. Ihre Tiefe ist erodiert. Sie wurde klein gemahlen und wird verdünnt als Verdauungsschnaps ausgeschenkt. Die Berliner Essenz ist ein Schlummertrunk.

Anders Dresden. Nach außen gestülpte Identität wird raumgreifend. Sie wird zur Architektur. Das Vorgezeigte, »Vorgemachte« ist in Stein gemeißelt, fest verwurzelt und nicht mehr verrückbar. Eine Stadt, die fast ganz ohne Ironie auskommt.

In mir regt sich Widerspruch. Es gibt keine Vertiefung der eigenen Kultur ohne die Entdeckung innerer Grenzen. Eine Welt ist nur auf der Oberfläche hermetisch, sozusagen als intakte Haut. Dabei besteht immer die Gefahr der Erstickung, wenn die Haut nicht mehr durchlässig ist. Gelangt man in die Tiefen eines Körpers, werden Ungereimtheiten, Ablagerungen, Verdrehungen und Atemnischen sichtbar, die jede Kulturkapsel öffnen und das Innere in Widersprüchlichkeiten verwickeln.

Sind Mitteleuropäer nicht immer auch ein wenig Tataren? Die Dresdner beispielsweise, die Prager sowieso.

Sind Türken nicht auch immer griechisch-orthodox? Gibt es überhaupt so etwas wie einen Araber? Das sind keine Kulturfragen, sondern Fragen, die den fast unstillbaren Voyeurismus bedienen. Wir wollen unbedingt mehr erfahren über das Intime eines fremden Lebens. Der Fremde versucht, dem Voyeur mit Hinweisen auf die spezifische Strahlkraft der Kultur zu entkommen. Er versucht, wieder an die Oberfläche zu gelangen. Dabei verfängt er sich meistens in innere Widersprüche und wird vom Blick des anderen fixiert.

Landpartie oder »Die Haut musst du schützen!«

Luiza hat drei Hunde und wohnt an der Grenze. Ihr Vater ist 1990 noch vor der Wiedervereinigung hierhergezogen und hat zuerst eine Baracke gebaut, die jetzt als Geräteschuppen und Hundehütte genutzt wird. Ihr Vater war in der Sprache der Machthaber ein »Schädling«, damals in der Deutschen Demokratischen Republik. Über Nacht, wie es die Schädlinge immer zu tun pflegen, hat er sich hier niedergelassen.

Ein sturer Charakter, dessen schiefe Laufbahn auch von überzeugten Weltverbesserern nicht mehr korrigiert werden konnte. Sein Fehler war es gewesen zu glauben, dass nach dem Fall der Mauer etwas Neues kommen würde. Doch der Untergang des sozialistischen Staates blieb folgenlos. Du weißt, dass unter deinen Füßen Ruinen und Trümmer sind, aber keiner will etwas davon wissen. Also baust du schnell eine Hütte an einer verwaisten Ecke des Landes, soll bloß keiner kommen aus dem Westen und Ansprüche stellen. Die kommen zuerst etwas verstohlen, bald aber schon in Scharen und sehen sich um. Aber so gewinnt niemand Heimat. Die alten, verfallenen Gebäude sind nichts mehr wert. Mit einer von drüben hat er dann Luiza gezeugt. Drüben – so wird hier alles genannt, alles jenseits einer alten, neuen oder vermeintlichen Grenze, Tschechien, die alte BRD, Europa des Jahres 2015. Drüben ist aber inzwischen auch Syrien, meint einer in der Gaststätte in seinen ungepflegten Bart flüsternd.

Ich führe hier Gespräche im journalistischen Auftrag. Solche Gespräche sind kurz und verlieren spätestens dann ihren Sinn, wenn der Gesprächspartner seinem Bart mehr zu sagen hat als seinem Gegenüber.

»Du bist zu beneiden. Du musst dich an die Frauen ranmachen«, meinte ein etwas in die Jahre gekommener nörgelnder Kollege als Tipp für unterwegs, bevor ich mich von der Hauptstadt hierher aufmachte. Er war viel an allerlei Lebensgrenzen unterwegs gewesen, in aller Welt, an Orten, die exotisch klangen, und er musste seine Erfahrungen gemacht haben. In seinen Worten verwandelte sich die offene Grenze nach Tschechien in einen exotischen Streifen. Doch für mich war es ein gewöhnlicher Tagesausflug.

Also Luiza, sie hat drei Möpse, die wickeln meine Beine ein. Ich spreche immer lauter, weil sie beinahe brüllt. Stämmige Oberarme, Krafttraining. Ausnahmsweise keine Tattoos.

»Ich mag es gar nicht, wenn man mich sticht.«

Ihre Haut ist ihre Seele, denke ich mir. Wer sie berührt, hat ihr Herz gewonnen. In Wirklichkeit ist sie unberührbar. Das ist besser als jeder Schutz.

Dann gibt es sogar Kekse auf einem Metalltisch im Garten. Das Haus ist nicht zu besichtigen. Diese Grenze ist noch nicht müde, geht mir durch den Kopf, da werden noch viele rübermachen. Erschöpfte Grenzen fallen irgendwann in den Schlaf. Wenn sie dann aufwachen, sind sie unbezwingbar.

Ich behalte meine Grenzpoesie für mich und vertiefe mich in die Nachmittagslandschaft mit der schönen Elbe. Dieser Fluss hat sich zwischen zwei Welten breitgemacht, die eigentlich nicht zu trennen sind.

Luiza hat drei Jahre in Prag gelebt. Was sie da gemacht hat, mag sie mir nicht erzählen. Beim Gang zur Toilette, die sich gleich neben der Eingangstür befindet, fällt mein Blick auf ein Foto: Luiza in einer Wehrmachtsuniform, kaum als Frau identifizierbar, aber ungemein arisch. Arisch?

Was verstehe ich darunter? Blond, groß, blaue Augen oder Blut, das nur wenige Augen sehen. Viele Menschen hier haben ein Doppelleben, eins, das an der Grenze bricht, und eins, das sich doppelt. Oder bleiben nur halbe Leben übrig, die sich nicht mehr zusammenflicken lassen?

Ich nehme mir auf die Reise ein paar Bücher über die Gegend mit. Nur zwei Stunden Fahrt von der Hauptstadt. Doch man braucht schon eine Gebrauchsanweisung, ein Wörterbuch, Markierungen auf der Karte. Es ist doch eine besondere Landschaft. Dieser magische Stein, die Felsen weicher als anderswo.

»Wir sind viel zu gutmütig. Wir erschrecken, wenn jemand Böses will. Aber draußen sind alle böse. Zuerst schlachten sie einander ab und wollen dann hierher.

Die wissen doch gar nicht, wer wir sind, wie wir hier leben, was wir machen. Wir haben uns auch was aufgebaut. Soll das alles jetzt nicht mehr gelten?«

Unauffälliges Auserwähltsein, davon träumen sie hier an der Grenze. Zuhausesein heißt Auserwähltsein sein, heißt Zuhausesein ohne Fremde. Nicht so leben wie die in Berlin. »Einmal in Pankow gewesen, letztes Jahr, selbst da sind schon die dunklen Typen.« Die Einheimischen verkriechen sich, werden unsichtbar. In Berlin gibt es einfach zu viele Eindringlinge. Hier dagegen höchstens mal ein Kunde, dem man wehtun kann, weil er sich das so wünscht, ein Gast für eine Stunde, eine Flasche Bier im Garten auf einem wackligen Stuhl, mit ein paar Schönwetterwolken am Horizont, im Hintergrund eine Keiner-weiß-weiter-Stimmung.

»Das ist nun mal das Gesetz, wenn du das Land nicht dichtmachst, dann kleben die irgendwann einmal auf deiner Haut. Die Haut musst du schützen. Das beginnt im Kopf.«

Den wird es nie wieder geben, diesen Sommer 2015, wo wir allein unter uns sein wollten. Die Hunde sind die fremdeste Art, die wir ertragen.

Wir tauschen uns über die Möpse aus. Die Gefahr der Überzüchtung. Es fehlt an Respekt gegenüber natürlichen Grenzen. Die Stimme in meinem Kopf will nicht schweigen. Sie fabuliert ungehemmt, wähnt sich in Sicherheit, seitdem ich sie im Kopf behalte.

An der Grenze wohnen heißt gefährlich leben. Luiza findet das Wachpersonal an der Grenze lasch. Einbrüche hätte es hier schon immer gegeben. Aber zuvor wären es nur Einheimische gewesen. Die hätte man schnell identifiziert. »Jetzt aber kommen die von drüben und verschwinden für immer. Eingebrochen wird ja nicht mehr nur in Häuser, in das ganze Land wird eingebrochen.«

Ich höre wieder eine Stimme aus dem Gasthof, frisch renoviert, der Wirt hat hohe Schulden. Die Gäste bleiben aus. Viele lassen anschreiben. Wer soll das alles bezahlen? Wir haben hier nicht einmal mehr Kinder, die für all das aufkommen könnten.

Da kommen die Syrer doch gerade recht, will ich sagen, erinnere mich aber an meinen Vorsatz, nur zuhören zu wollen. Nach einer Weile sprudeln die Monologe.

Die Elbe fließt seit eh und je. Doch im Abendlicht wirkt sie, als fließe sie landeinwärts. Als käme der Strom aus den Meeren in die Berge, als wäre alles anders, als man annimmt.

An der Grenze gibt es keine Gewissheiten, seit es die Grenze nicht mehr gibt. Wird es wieder Frieden geben?

An der Grenze I

Die Anbindung an nur eine bestimmte Identität und die Zurückweisung einer anderen war keine Option für mich. Schon gar nicht, wenn diese Identität ethnisch oder national definiert wurde. Ich wäre, hätte ich mich fixieren und einsperren lassen, viel zu neugierig gewesen, was mich dort bei dem anderen erwartet. Dieses Unwissen hätte meinen Argwohn über die eine einzige Anbindung genährt und mich mir selbst gegenüber unsicher gemacht. Vielleicht wäre mir ja bei einer solchen Entscheidung etwas Gutes, Spannendes, Anregendes entgangen. Ich fühlte mich bereit zur Annahme von verschiedenen kulturellen Codes, Formen und Mustern. Nichts war ausgeschlossen.

»Wohin ich mich auch wandte, ich traf auf einen Vertrauten«, sagt ein alter Mystiker.

Ist es nicht so, dass inzwischen alles miteinander vernetzt und verwoben ist? Im Grunde genommen ist jeder Internetnutzer ein Migrant. Unsere Vernetzung ist eine Verstrickung, sie ist komplett, denn sie ist von unserer Identität nicht wegzudenken. Das ist eine stärkere Gemeinschaft als die natürlich vorgegebene, in der alle dieselbe Luft atmen. Denn Luft wird mal knapp, mal ist sie so verschmutzt, dass sie vergiftet. Doch wie klingt die andere Sprache in der Vernetzung? Wie klingen Wehklagen, wie klingt das Wunschdenken? Wie kann der Mensch das Material, das ihm zur Verfügung steht, abstrahieren, um die Verknüpfungen zu begreifen? Das Anderssein im Leiden darf uns die Sinne vor der Quelle des Glücks nicht verschließen. Sie gibt uns die Kraft zur Liebe, zur Verschmelzung mit einem anderen Ich, die Kraft zur Erkenntnis des Du.

An der Grenze II

Wer von uns kann sagen, er habe umgedacht? Umdenken und Umleiten sind zentrale Begriffe der Migration. Sie sind bedeutender als Ein- und Ausweisen. Denn sie kommen diesen zuvor, sind also Grundbegriffe. Sie machen beweglich und drücken notwendigen Wandel aus. Doch Umdenken heißt auch, Plätze zu verlassen, die üblich und allgemeingültig geworden sind. Wir lassen uns selbst im Stich. Das braucht Mut, Innovationskraft. Mut, Wurzeln zu kappen, Neuland zu betreten. Anderen Wurzeln, Boden zu überlassen.

Die Entwurzelung und die Verwurzelung scheinen im bitteren Streit auseinandergegangen zu sein. Doch sie sind ineinander verschränkt. Rhizome unter den Stämmen verbinden die losen Enden der Wurzeln mit den festgewachsenen. Rhizome sind wie die Suche nach Identität ohne Bindung an Räume und Zeit. Wir müssen keine Angst haben, sie zu verlieren. Verlieren kann man nur in der Zeit. Rhizome halten die Welt zusammen, unterirdisch, unsichtbar, aber verlässlich.

Vergiss nicht, du bist auf diesem Planeten zu Hause. Vertrieben wirst du immer in deinem Universum. Sie werden dich finden, deine Innenstimmen auch in fernen Ecken. Du wirst deine Wurzeln nicht los. Du musst sie loslassen können, damit sie wachsen.

Es gibt Kinder, die haben keine Sprache.

Das ist nicht weniger schlimm, als wenn ein Kind keine Milch hat.

Wo sind diese Kinder zu Hause?

Sie brauchen eine Wiege.

Ein loses Blatt, das einmal einem Baum gehört hat und jetzt im Wind treibt, um an einem Fensterrahmen hängen zu bleiben.

Die Romantiker lieben ihr Land, das sollte man ihnen nicht absprechen.

Der Romantiker ist monogam.

Der Migrant nicht selten polygam.

Darüber muss man sprechen.

Untreue und Polygamie gehören nicht zusammen.

Wie soll man das verstehen, das erklären können?

In der abendländischen Kultur scheint das ausgeschlossen.

Man kann nicht zwei Herren gleichzeitig dienen, heißt es.

Doch muss man dienen, wenn man liebt? Oder kann man der Liebe auch in der Erinnerung begegnen, als Sehnsucht?

Jede Anziehung übt Macht aus. Unterwerfung kann reizvoll sein, Lust spenden, Triebe entfachen.

Wer über die Grenze geht, lehnt sich auf gegen seine eigene Markierung. Auflehnung ist auch eine Form der Anerkennung. Ich kann nur jene Grenze übertreten, die ich anerkannt habe.

So ist das zwischen Deutschen und Türken. Die mögliche gegenseitige Abneigung ist nur eine höhere Form der Anerkennung. Darin liegt Potenzial.

Dieser Anerkennung aber fehlt das Vokabular. Sie drückt sich in Symbolen aus. Symbole, die sich rasch zu Angstformeln verknoten. Der Eindringling, der sich schnell vermehrt. Der Einheimische, der sich nicht vermischen will. Plünderer und Scholle treffen aufeinander. Reibung entsteht. Reibung ist auch Wärme. Lasst uns Energie gewinnen.

In der Sprache aber kann sich so etwas wie Erbschaft und Tradition ausdrücken. Jeder, der zusammenkommen will, muss sich als Romantiker ausbilden lassen.

Liebe ist Versenkung in die Sprache!

Fremdglauben

Früher war ich seltener in der Türkei. Es gab viel zu entdecken in der Welt. Der Ferne Osten, die andere Seite des Atlantiks, alte europäische Städte, die Nachbarn Deutschlands. Inzwischen bin ich Pendler zwischen der Türkei und Deutschland. Wir sprechen über Länder und Kulturen immer noch so, als würde man immer eine Reise in die Fremde machen. Dem ist nicht mehr so. Immer mehr Menschen leben an verschiedenen Orten, nur einen Mittelpunkt haben sie nicht mehr oder höchstens einen wandernden. Sie leben in einer Mehrzahl von Zuhause. Was macht das aus den Ländern, aus den Kulturen, aus den Menschen und ihrem Gefühl für Zugehörigkeit? Ich bin in Deutschland und in der Türkei zu Hause, aber auch in den USA. Ich merke das immer dann, wenn ich nach Berlin, Istanbul oder in eines der amerikanischen Colleges zurückkehre, an denen ich Lebenszeit verbracht habe. Ich lasse den vielen Personen in mir freien Lauf und staune immer seltener über ihre Differenzen. Meine Erinnerung bekommt auch eine doppelte, manchmal dreifache Spur, als hätte sich meine Kindheit in zwei biografische Linien aufgeteilt, die im Alter wieder zusammenfinden, ohne einander zu berühren.

Ich hatte keine Geschwister, mit denen ich zusammenlebte. Aber es gab neben Vater und Mutter noch eine dritte Person in meiner Familie. Diese Person war der Glaube an Allah. Im Islam gibt es keine Personifizierung des Gottes wie in der Christusfigur des Christentums. Dafür aber gibt es Worte, Worte ohne Ende, Worte, die sich wiederholen, mal melodisch weich, mal streng drohend. Diese Atmosphäre trage ich in mir. Wenn ich mit ihr in die Türkei reise, entsteht eine bizarre Reibung zwischen meiner kindlichen Glaubenswelt und dem real existierenden politisierten, vergesellschafteten Islam von heute. Diesen nehme ich in seiner Praxis als etwas wahr, das seinem Geheimnis gegenüber fremd geworden ist. Ausgangspunkt vieler Texte, die ich schreibe. In der aufgeheizten Stimmung von heute wird man gleich zum Islamkritiker oder gar zum Feind abgestempelt. Wenigen Menschen fällt noch ein, dass man etwas aus Liebe, Zuneigung und Zugehörigkeit kritisch betrachten kann. Das offene Antlitz des Islam ist eine

Offenbarung im wahrsten Sinne des Wortes. Mein Glaube aber bleibt im Dunkeln. Er lässt sich nicht mehr so präsentieren wie in meiner Kindheit.

Ich wohne in dem Stadtteil Istanbuls, der einst mehrheitlich von Armeniern und Griechen bewohnt wurde und heute eine Hochburg der säkularen nationalistischen Opposition in der Türkei ist. In letzter Zeit aber wird das Viertel durch Migranten aus Osteuropa, Arabien und Afrika bunter. Ich mag die Atmosphäre hier, die Vielfalt, das Laisser-faire.

Freitags gegen Mittag ist der Bürgersteig vor der kleinen Moschee auf der Hauptstraße voller Betender. Das ist neu. Die Gemeinde der Gläubigen wächst. Warum bin ich nicht unter ihnen? Warum widert es mich an, dass diese Männergruppe auf dem Bürgersteig niederkniet? Ich sehe Socken, abgenutzte Schuhe. Stört mich das? Das offene Antlitz des Islam irritiert mich. Mir fehlt das Geheimnis. Diese Art der Offenbarung empfinde ich als obszön. Sie macht das Intimste öffentlich. Dieses Zurschaustellen der Religion scheint mir nicht weit entfernt von ihrer Instrumentalisierung. Was nützt es dem Christenmenschen, wenn sein Symbol, das Kreuz, in öffentlichen Ämtern und Behörden hängt? In Finanzämtern zum Beispiel. Werden die Steuererklärungen dann korrekter?

Nein, ich bin kein Mitglied einer Gemeinde mehr. Mein Vater war es in seinen letzten Lebensjahren auch nicht mehr, obwohl sein Glaube an Allah und seinen Gesandten Muhammed bis zum Schluss unerschütterlich blieb. Wieder so ein scheinbarer Widerspruch, der bei näherer Betrachtung gar keiner ist. Der Glaube des Islam folgt nicht der Logik der Mission und der Anwerbung. Er ist ein Selbstgespräch und ein Zeugnis, ein Zwiegespräch des Menschen mit seinem Schöpfer.

Die Türkei heute kommt mir dagegen wie ein Schaufenster des Islam vor. Glauben folgt den Regeln der Werbepsychologie. Der Islam wird geschwätzig konsumiert. Er wächst parallel zum Bruttosozialprodukt und hat längst einen Stammplatz in Talkshows. Auch Wirtschaftskrisen könnten diesem Glauben jetzt gefährlich werden.

Von Provinz zu Provinz

Die allermeisten Migranten in Deutschland haben Wurzeln in den Dörfern des Südens. Der mitgebrachte Provinzialismus hat in Deutschland eine bestimmte Lebensart entstehen lassen, die in die Mentalitätsgeschichte als Gastarbeiterkultur eingegangen ist. Das ist eine Seite der Medaille, die andere aber ist, was aus diesen vor über einem halben Jahrhundert entstandenen Kulturen geworden ist. Gibt es in der zweiten, dritten und vierten Einwanderergeneration so etwas wie einen Migrantengeschmack, bestimmte Moden, Vorlieben und Abneigungen? Haben wir überhaupt Kriterien, um solche Fragen zufriedenstellend zu beantworten? Hat die Migration Deutschland wirklich weltoffener, weltläufiger gemacht, wie so oft behauptet wird?

Vor allem in traditionellen Einwanderungsgesellschaften – sehr gerne werden dafür angelsächsische Länder wie die USA, Kanada oder auch Australien zitiert – wurden Einwanderer und ihre Lebensspuren wie Türöffner und Wege in die Welt verstanden, die mit der Überwindung geografischer Distanzen auch zur Erweiterung des einheimischen Horizonts beitrugen. Ein solcher Prozess ist in Deutschland jedoch weitgehend ausgeblieben, sieht man einmal von der kulinarischen Begleitung der Migration ab. Es ist kein Zufall, dass ein Fleischspieß, der Döner, zum Symbol der deutsch-türkischen Migrationsgeschichte geworden ist. Das einfachste, ländlichste Gericht der türkischen Küche, dem jegliche Raffinesse fehlt.

Wie weltläufig, kosmopolitisch, international sind nun die Kinder und Enkel der Migranten? Ihre Weltoffenheit wird oft nur am Grad ihrer Beteiligung an der deutschen Gesellschaft gemessen. »Deutsche Gesellschaft« aber ist keine soziologische Kategorie, sondern eine vage Identitätsmetapher. Assoziationen von Zugehörigkeit verdecken dabei soziale Faktoren und schichtenspezifische Besonderheiten.

Integration scheint in Deutschland dann zu gelingen, wenn die provinziellen Einstellungen des Migranten mit den provinziellen Einstellungen der Einheimischen harmonieren. Auf dem Lande in Baden-Württemberg klappt das besonders gut. Aus dieser gelebten Harmonie ländlicher Provenienz entsteht ein Supra-Provinzialismus, dessen Interkulturalität nicht mit weltoffenen Einstellungen oder gar mit Weltläufigkeit verwechselt werden sollte. Dieser Vorgang ist in allen Lebensbereichen zu beobachten, vor allem aber in der künstlerischen Arbeit und in der Seelenarbeit, die von der Religion bedient wird. Dürftig sind die Arbeiten auf diesen Feldern geblieben. Sie haben im internationalen Maßstab keinerlei Rang. Mitunter wirken sie sogar grotesk. Doch sie werden von den Institutionen gefördert, teilweise mit Mitteln, die nirgendwo auf der Welt zur Verfügung stehen. Auch nicht in solchen multikulturellen Metropolen wie Paris oder London.

Berlin ist dabei keineswegs zu einer Aufstiegsplattform für Migranten geworden, eher zum Kopfbahnhof für selbstzufriedenen Regionalismus. Ein Aufstieg ins Bürgertum gelingt hier für Einwanderer nur schleppend. Stattdessen werden Nischen geschaffen, die kiezig bequem sind, aber das Fieber einer Großstadt vermissen lassen. Ohne dieses Fieber laufen die Reibungen entlang kultureller, sprachlicher Grenzen ins Leere. Es entsteht eine befremdliche Atmosphäre des Nebeneinanders, die aus Nähe Distanz werden lässt. Es entstehen kleine und kleinste Welten, in die man sich freiwillig einsperrt und gegenseitig erkennt und anerkennt. Es gibt Straßenzüge, die nicht einmal von Menschen aus einem bestimmten Land, sondern aus einer bestimmten Region bewohnt sind, je kleiner und überschaubarer, umso besser. Eigentlich funktioniert ganz Berlin so. Schwaben in Kreuzberg, Eltern mit Kindern in Prenzlauer Berg. Wer in Neukölln Kinder kriegt, zieht weg, wenn er sich das leisten kann. Diese Separierungen haben nicht nur soziale Ursachen. Sie gehören auch zur Stadtmentalität.

»Sieben Welten wohnen in mir«, schrieb ein Volksdichter aus dem 15. Jahrhundert. Er lebte in einer Zeit des Wandels und der Völkerwanderung. Europa wachte auf, die Entdeckung Amerikas stand bevor, der Balkan fiel in türkische Hände. Die Venezianer und die Krimtataren machten sich gegenseitig durch Handel und Austausch reich.

Ein Irrtum zu glauben, wir wären die Ersten in der Menschheitsgeschichte, die Globalisierung erfahren. Diese Erfahrung gibt es seit der Antike immer wieder, geistig und kommerziell. Homer erzählte mit der *Odyssee* die erste epische Migrationsgeschichte. Wir haben lediglich die größeren und effektiveren Maschinen dafür erfunden. Wir haben die Welt für den Hausgebrauch domestiziert.

Politik zwischen Tradition und Folklore

München gehört für mich zu den aufgeräumtesten und großzügigsten deutschen Städten. Die bayerische Landeshauptstadt ist für mich auch nach dreißig Jahren in Berlin eine Art Heimat. Ich halte mich regelmäßig hier auf. Man könnte mich sogar als einen Pendler zwischen München und Berlin bezeichnen. Für viele meiner Freunde ist diese München-Liebe unverständlich. Sie halten München für spießig und altbacken. Und genau das reizt mich an dieser Stadt. Ich bin hier schon gleich nach meiner Ankunft Traditionen begegnet, die noch sehr lebendig waren, zudem noch bizarr genug, um als Kuriositäten mein Interesse zu wecken. Die Kutschen, die voller Bierfässer »auf d' Wies'n« zusteuern, oder die bunten Trachten der Menschen und die katholischen Feiertage mit ihren Riten. In München ist die Tradition als Folklore lebendig. Gerade das verschafft mir als einem Menschen mit fremder Herkunft Sicherheit. Denn folkloregewordene Tradition wildert nicht in der Politik herum. Sie schafft Distanz gegenüber dem demagogischen Gebrauch von Traditionen. Heute erscheint mir dieser Gedanke wichtiger denn je. Denn viel ist die Rede von Heimat, Tradition, Vaterland. In Bayern sind diese Traditionen lebendig, und die Politik hat es verstanden, sie in ein demokratisches Gemeinwesen zu integrieren. Das ist vor allem ein Verdienst der CSU. Auch ich habe lange gebraucht, um dieser Leistung etwas abzugewinnen. Heute bin ich dankbar dafür, dankbar, dass es einen Politiker wie Franz Josef Strauß gegeben hat, bei allen Schattenseiten, die man an diesem Ausnahmepolitiker sicher auch entdecken konnte. Denn wie kein anderer repräsentierte er die Integration der Tradition in ein demokratisch legitimiertes, pluralistisches politisches System. Eine solche Folklore fehlt in weiten Teilen Ostdeutschlands, aber auch in der Landeshauptstadt Berlin. Die Lücken, die dieser Mangel hinterlässt, tauchen als Phantomschmerzen in der Politik wieder auf. Aus Tradition wird keine Folklore mehr, aber eine Politik der ideologisch aufgeladenen nationalromantischen Erregung. Die Wiederkehr der Gespenster aus der Geschichte hat wenig mit den Kutschen zu tun, die Bierzelte ansteuern.

Ich fühle mich in einer solchen Atmosphäre unsicher, zumal die Politisierung der Tradition sich inzwischen in Gestalt der AfD auch als Partei formiert hat und nicht wenig an Zustimmung gewinnt. Meine Tage in München erscheinen mir da als Erinnerung an eine bunte Welt der selbstbewussten Heimeligkeit, München als Sehnsuchtsort, eine fremde, exotische Welt, die ich als Kind ohne Einschränkung betreten durfte. Meine Verklärung bin ich bereit zu verteidigen. Sie ist Teil meiner Kindheit, meiner Identität. Sie gewährt mir Unterschlupf gegenüber übergriffigen Traditionen in der Politik, die weder unschuldig noch jugendfrei sind.

Unsere Seidenstraße

Wurzeln und Brüche müssen in der Moderne zusammengedacht werden. Aus dieser Paarung entsteht einmal kreatives Potenzial, ein andermal aber auch Krise und Gewalt. Trotz der gebrochenen Zweige der Tradition sollen Gärten, in denen wir uns heimisch und geborgen fühlen, weiter gedeihen. Doch manche Wurzel bleibt stumpf und verdorrt. Deutsch-türkische Identitäten haben beides als Erfahrungshintergrund. Die Verwurzelung in Nation und Gemeinschaft hat bittere Früchte getragen, hüben wie drüben. In Deutschland ist mit der Erfahrung der großen Katastrophe ein ernsthafter Versuch unternommen worden, den Bruch mit autoritären Traditionen mit aufklärerischen Wurzeln aus der deutschen Geschichte zu versöhnen – wie ich finde, mit großem Erfolg. In der Türkei ist das nicht gelungen. Die Reibungen der Tradition mit den Herausforderungen der Moderne sind bis heute schmerzhafte Verwundungen geblieben. Der Modernisierungsprozess ist inzwischen ein geistig und kulturell chronisches Leiden. Es gibt einen Freiheitsschmerz des Untertans. Wenn die autoritären Ordnungsstrukturen in Schwingung geraten, muss der Mensch sich in seiner Mündigkeit bewähren. So wie er durch Geburt in die Welt geworfen wird, ausgestattet mit etwas Instinkt, so erfährt der Bürger oft die Freiheit in einer offenen Gesellschaft. Intellekt und Instinkt müssen sich arrangieren, damit der Bürger ein Standbein bekommt. Institutionen können den Menschen stützen, führen ihm aber nicht die Hand beim Schreiben. Die Moderne stärkt die individuelle Identität, macht aber zugleich die Gemeinschaft fragiler. Die Moderne erscheint wie ein Entschwinden aus der Identität einer Gemeinschaft. Damit wird eine Assimilationserfahrung, das heißt ein Aufgeben herkömmlicher traditioneller Gewissheit zugunsten eines Auslotens der Wirklichkeit durch Analyse und Kritik, beschworen, eine Erfahrung, die starke Gegenwehr auslösen kann. Die Menschen sollen im Idealfall zu nüchternen Wissenschaftlern des Eigenen werden. Die fremde Kultur, in diesem Fall die des Westens, behauptet Universalität und übernimmt die Kontrolle. Sie bestimmt selbst die Art und Weise, seine Notdurft zu verrichten. Sitzklos nennt man in der Türkei bis heute »à la franga«, dem gegenüber steht das altbewährte Plumpsklo »à la turca«. In vielen Wohnungen findet sich beides, als Beispiel für einen Bruch in der Tradition, der nicht unbedingt zu einem Ausschluss und zum Konflikt führen muss.

Eine ähnliche, wenn auch etwas anders gelagerte Erfahrung machen manche Deutsche durch den Prozess, den Einwanderung in ihr Land erfährt. Ein Entschwinden von fixen Identitätspunkten, beschleunigt durch demografischen Wandel. »Die Deutschen sterben aus« ist nicht nur ein Denkmotiv, seitdem die Geburtenraten rückläufig sind. Auch hier entsteht massive Gegenwehr. Der Bruch mit gewissen Traditionen aber ist unvermeidlich. Mit dem Begriff Volk beispielsweise. Die völkische Deutung dieses Begriffs ist eine speziell deutsche Variante der Identität. Selbstverständlich wird sie heute nur gebrochen wahrgenommen und verstanden. Doch was heißt das? Keineswegs, dass der Begriff gänzlich verschwunden ist. Solche Brüche wurzelverträglich zu gestalten, ist immer wieder eine große Herausforderung. Wer das versucht, befindet sich zugleich im Gehölz. Ein Roden des deutschen Waldes gelingt nicht, wäre vielleicht nicht einmal wünschenswert.

Wir leben in einer Zeit, in der die Brüche mit ihrem Schmerzcharakter wieder hervortreten. Dabei werden die Erinnerung und ihre kulturelle Deutung zu einem Ideengeber, etwas schärfer formuliert, manchmal auch zu einem Infektionsherd. Osmanische Janitscharenmärsche und deutschtümelnde Romantik begegnen einander in Begriffen wie Osmanen Germania oder christlich-abendländischer Kulturkreis.

Gibt es ein Gegenkonzept? Etwas, das Wurzeln, Hintergrund, Tradition aufleben lässt, ohne einen Rückfall in einfache identitäre Botschaften?

»Keiner trägt seine Seele auf der Haut« war ein Spruch meines Großvaters. Er, ein Bewunderer der deutschen Kultur, hatte seine Töchter in den Fünfzigerjahren nach Österreich zum Studieren geschickt. Mit siebzig Jahren begann er, die deutsche Sprache zu erlernen. Es war für mich immer eine wichtige Frage, was diese Generation am deutschen Wesen so faszinierte. Denn sie waren doch zugleich Zeuge des großen deutschen Zivilisationsbruchs geworden. In meiner Familie bewunderte niemand Hitler und die Nazis. Aber Germanophilie gab es schließlich auf der ganzen Welt. Deutschliebende waren oft bereit, darüber hinwegzusehen, was in Nazideutschland geschehen war. Das schöne heile Bild der deutschen Kulturidentität blieb in der Türkei oft unangetastet. Sie vermählte sich dort mit dem Selbstbild der Türken, der Verherrlichung des Türkentums.

Das deutsch-türkische Verhältnis an der Wurzel packen heißt, sich mit dem Nationalismus zu beschäftigen. Auch mit Hybris, Größenwahn und dem Phantomschmerz der Freiheit.

Die Wege, die in die Moderne führen, werden oftmals blockiert. Das Überschreiten von Grenzen in unseren Köpfen lässt immer wieder neue Mauern entstehen. Anders gefragt: Wie viel Seidenstraße ist noch in unserem Denken? Die Verbindung durch Handel, der einst die Halbinsel Krim und Vorderasien mit Venedig verband und den Limes der Römer nicht beachtete. Grenzüberschreitung ist eine Formel, die Wurzeln mit Brüchen verbindet und das Auseinanderreißen in inkompatible Identitäten verhindert. In unserer Schulbildung spielen aber bisher derartige historische Erfahrungen kaum eine Rolle. Wir lesen Geschichte nach wie vor entlang grober Identitätslinien, die unweigerlich in die Bildung von Nationalstaaten geführt haben, mit der aktuellen und zukünftigen Verheißung ihrer Überwindung. Doch ist diese Verheißung nicht auch deshalb in einer Glaubwürdigkeitskrise, weil ihr anschauliches Material fehlt? Sie wird allzu oft nur als Wunsch und Chance formuliert und nicht als eine reiche kulturelle Erfahrung, als spannend erzählte Geschichte, die von nationalistischen Strömungen in der Moderne verdrängt worden ist. Venedig, Al-Andalus und Konstantinopel können aber wiederentdeckt werden, mit ihren Dichtern, Malern, Kaufleuten. Das wäre keine Reise in eine exotische Welt, sondern eine zu unseren gemeinsamen Wurzeln in Europa.

Kirchenglocken in Istanbul

Wenn ich in Istanbul bin, wohne ich in einem Viertel, das früher mehrheitlich von Armeniern und Griechen bewohnt wurde. Istanbul trägt hier noch die Spuren einer Stadt, die verschiedenen Völkern und ihren Kulturen Heimat bot. Byzanz, Konstantinopel, Ostrom – Namen einer Stadt, die etliche Wendepunkte erlebte. An vielen zentralen Plätzen dieses Viertels stehen keine

Moscheen, sondern Kirchen. Wie kann es sein, dass eine Stadt, ein Land, eine Gemeinschaft über Jahrhunderte multireligiös ist und dann fast über Nacht durch Vertreibung und mörderische Verfolgung in die Hand einer einzigen Glaubensidentität fällt? Dass genau dieses im vergangenen Jahrhundert nicht nur in Istanbul geschehen ist, das wissen wir. Doch was macht dieses Geschehen mit jenen, die übrig bleiben? Täglich hört man Kirchenglocken in Istanbul. Auch heute noch. Sie sind nicht verstummt. Sie sind leise. Man muss genau hinhören, um sie im tosenden Lärm der Metropole wahrzunehmen. Man hört sie, wenn man sie hören will. Mir kommt das Kirchengeläut ein wenig so vor wie die alten arabischen Schriftzeichen. Die sind in Istanbul auch überall präsent. Neuerdings wegen der Geflüchteten aus dem Nahen Osten, aber auch als Relikte aus osmanischer Zeit stehen sie auf alten Gebäuden, an versiegten Brunnen, auf Grabsteinen, diese geschwungenen, malerischen arabischen Buchstaben. Niemand nimmt sie wahr. Diese Nichtbeachtung entspricht dem Schicksal der Kirchenglocken.

Es sind Klänge, die ich in Deutschland ignorieren würde. Nicht nur weil sie so leise erklingen. Etwas Seltsames passiert. Im muslimisch dominierten Istanbul mit seinen dröhnenden Gebetsrufen, seinem überlauten Stadtverkehr, den vielen nicht identifizierbaren Geräuschen werden Kirchenglocken zu einer Heimat für mein Ohr. Etwas Vertrautes, das mein Inneres füllt. Ein sehendes Hören beginnt. Vor meinem Auge tauchen die Kirchen Oberbayerns auf, die in Dörfern mächtiger erscheinen, als sie sind. Ich fahre mit meinem Auge eine Landschaft ab, die sich in meiner Vorstellung niedergelassen hat.

Kaum jemand außer mir nimmt hier diese Kirchenglocken wahr. Den Muezzin kann man nicht ignorieren. Er hat sich an den Lärmpegel der Stadt angepasst. Der Muezzin ist laut, lauter, als mir lieb ist. Seine Stimme schallt aus Lautsprechern, die nicht nur aufgedreht sind. Oft verzerren sie auch die menschliche Stimme und machen Sprache und Mund zu Fremden. Der Muezzin hat kein Ohr mehr für seinen Gesang. Er ist mit seinem Lautverstärker eins. Die Kirchenglocken dagegen haben keinen Körper. Sie kommen leicht schwingend daher und lassen sich in meinem Ohr nieder. Sie werden zur bleibenden Erinnerung.

Der Sommer mit Tom Jones

Es war ein heißer Sommer, der Sommer mit Tom Jones und kurzen Röcken. Alle Frauen um mich herum hatten plötzlich kurze Röcke an. Mit Ausnahme meiner Mutter und ihrer älteren Schwester. Sie blieben ihren knielangen Röcken treu. Nicht aber alle anderen, Tanten, Cousinen, junge Frauen aus der Nachbarschaft, alle, die Tom Jones hörten. Ich ließ sie um die Wette Röcke tragen, wer hat den kürzesten. Nur fünf Gehminuten von unserem Apartmenthaus in Istanbul entfernt lag das Viertel der Pluderhosenträger. Die Frauen mussten Wasser aus dem öffentlichen Brunnen holen. Heimlich ging ich dorthin und beobachtete ihre fremden Körper. Ich lauschte ihren Sprachen, die ich selten verstand. Lag es an den Pluderhosen? Es lag am Osten, sie kamen immer aus dem Osten. Von und über Kurden sprach damals niemand.

Ein halbes Jahr später wanderten wir nach Deutschland aus. Jetzt kamen wir selbst aus dem Osten. Meine Mutter zog aber keine Pluderhosen an. Sie blieb bei ihren knielangen Röcken.

Es ist uns bis heute nicht gelungen, den Deutschen bewusst zu machen, dass es im Osten nicht nur Pluderhosen gibt. So kommt mir das manchmal vor, auch wenn das übertrieben klingt. Allerdings bin ich mir nicht einmal sicher, ob die meisten unserer Nachbarn in Istanbul das verstanden haben.

Irgendjemand kommt immer aus dem Osten. Er wird immer zur Frau, zu einer auffälligen Gestalt. Sie trägt Pluderhosen, Tuch oder Burka.

Wie hätten wir akzeptieren können, dass wir aus dem Osten kommen? Wir waren doch Experten des Ostens, wussten doch bestens, wo und wie die Grenze zum Osten verläuft. Es gibt keinen Tom Jones im Osten und auch keine knappen, kurzen Röcke, die Frauenbeine zeigen.

Ich mochte den Osten nicht.

Ich mochte viel lieber Filme von François Truffaut. Mit sechzehn Jahren sah ich in einem Münchner Innenstadtkino seinen Film *Der Mann, der die Frauen liebte*. Das Tagebuch eines Mannes, der Frauen begehrte und eroberte, vor allem wegen ihrer Beine. Ich verstand, was kurze Röcke bedeuten und warum es sie im Osten nicht gibt.

Der Osten konnte nicht sexy sein. Der Osten wollte nicht sexy sein. Denn er verheimlicht die Schönheit der Frauen. Die Männer haben manchmal einen schönen langen Schnurrbart oder sonnengegerbte Haut. Die Frauen aber haben lediglich ihren Gang. Lediglich? Der Mensch, ob Mann oder Frau, kommt ohne diese erotische Komponente im Leben nicht aus.

Wenn ich in den Sommerferien nach Istanbul fuhr, glaubte ich beobachten zu können, wie die Stadt immer weiter nach Osten rückte. Vielleicht bildete ich mir das auch nur ein, weil ich manches, was schon immer dort gewesen war, vergessen hatte. Aber es gab auch Reibungen, die neu waren. Unser Viertel wehrte sich tapfer, aber um die Stadt herum entstanden jetzt nur noch Ansiedlungen von Menschen aus dem Osten. Sie waren irgendwann in der Mehrheit. Sie hatten irgendwann mehr Geld und stabilere Häuser. Nie aber hatten sie etwas von Tom Jones gehört. Vielleicht wurde Istanbul auch östlicher in meinen Augen, weil ich im Westen geblieben war. Jedenfalls regte sich im Westen mein Widerstand gegen die Veröstlichung.

Und kurze Röcke? Für eine kurze Zeit waren diese aus der Mode gekommen, und in dieser kurzen Zeit erfand der Osten eine eigenartige Kopfbedeckung für die Frau. Turban wurde sie genannt, in Anlehnung an eine alte Tradition der männlichen Hauptbedeckung. Frauen des Ostens griffen zu diesen Tüchern nicht ohne einen gewissen Stolz. Der Körper wurde sowieso verhüllt. Es kam vor allem auf die Haare an. Hätten mit verhülltem Haar die kurzen Röcke nicht wieder eine Chance gehabt?

Frauen scheinen viel mit Bekleidung beschäftigt zu sein. Seltsamerweise auch Männer mit der Art, wie sich Frauen zu kleiden haben. Selten geht es dabei um die Frau als Person. Das Kümmern und Streiten um Stoff beansprucht viel Zeit und Energie. So viel Zeit hat kein Mensch.

Warum trugen Männer aus dem Osten nicht wieder Schalwar, also Pluderhosen, und zogen stattdessen feinen Zwirn an, wenn sie in den Westen gingen? Diese Frage ist bis heute unbeantwortet geblieben. Männer stellen sich ja selten solche Fragen.

Ich fühle mich wohl im Westen, wie fast alle anderen Menschen, die im Westen leben. Jenseits der Grenze soll es angeblich mehr Gastfreundschaft geben. Ich sehe dort aber vor allem das Blutvergießen und die Feindseligkeit gegenüber Frauen, die Zahl der verheirateten Kinder wird auch nicht geringer. Ist es nur schlechtes Image? Der Osten braucht keine PR-Agentur, sondern mehr Tom Jones.

Herkunft ist auch Politik

Wenn Menschen zusammenkommen, geht es auch immer um Gerechtigkeit. Denn die Natur des Menschen neigt dazu, die Grenzen seines Gewissens zu verletzen. Alle Mythen, die die Menschheit begleiten, seit sie sich erinnern kann, erzählen Geschichten von der Zweigleisigkeit des Menschen, von der Ambivalenz seines Denkens und von der Dichotomie, die sein Handeln bestimmt. So ist auch im Koran der Mensch sowohl Antlitz Gottes als auch Blutsäufer.

Meinem Vater diente der Koran als Korrektiv zu den Postulaten des Philosophen Immanuel Kant. Der *Kategorische Imperativ* wird relativiert und erst dadurch in seiner moralischen Perfektion bestätigt. Dass wir Menschen so sind, wie wir sind, kann nicht heißen, dass wir nicht anders sein könnten, ja sein müssten. Der Mensch ist weder gut noch böse. Er hat Neigungen, und nur Erziehung und Anleitung kann ihn vor dem Scheitern bewahren.

Erziehung zur Mündigkeit? Ich hatte diese Frage schon sehr früh ins Feld des Politischen verlagert. Zwei Ereignisse wurden hierfür in meiner Jugend zu prägenden Ereignissen. Sie fanden weder in Deutschland noch in der Türkei statt. Es waren zwei Revolutionen Ende der Siebzigerjahre, die eine in Nicaragua, die andere im Iran. Unbändig war die Freude, die ich darüber empfand, dass die verhassten Regime in diesen beiden Ländern gestürzt wurden. Anders mein Vater, der viel verhaltener war. Er war der Ansicht, dass meine Freude und auch die meiner linken Freunde nicht lange anhalten würde. In seinen Augen waren Revolutionen immer zum Scheitern verurteilt. Die Natur des Menschen zeichnete dafür verantwortlich, dieser grenzüberschreitende Charakter, der für alle schlimmen Zustände auf der Welt verantwortlich sein soll. Ich lehnte mich gegen diesen Gedanken auf und versuchte dabei, gerade die Unterschiede in der deutschen und der türkischen Geschichte als Argumente zu positionieren. Doch ich kam damit nicht weit. Während ich in der türkischen Revolution durch Mustafa Kemal Atatürk ein fortschrittliches, freiheitliches, an der Französischen Revolution orientiertes Ideal zu erkennen glaubte, sah mein Vater darin viele Parallelen zu faschistischen Ideologien in Europa. Diese Kontroverse wurde zu einem wichtigen Faden meiner Gedanken. Ich versuchte, daraus keinen gordischen Knoten entstehen zu lassen. Denn solchen Verknotungen, wie sie sich in der Türkei gegenüber der religiösen Identität und in Deutschland gegenüber der nationalen Identität gebildet hatten, wirkten wie unheilbare Wunden, nicht nur in Debatten, sondern auch im alltäglichen Umgang der Menschen miteinander. Abschottung und Ausgrenzung werden dann zu Mechanismen des Umgangs. Sie finden ihre Ursprünge in den Verknotungen, die vererbt werden. Wer ist ein Deutscher und wer nicht? Muss ein Türke immer ein Muslim sein? Wie kann man die Knoten, die aus solchen Fragestellungen entstehen, auflösen, oder bescheidener formuliert, lockern?

Zunächst einmal gilt es wohl, sich mit den Verletzungen zu beschäftigen, die an den Stellen entstehen, die Reibungen verursachen. Also beispielsweise im Aus- und Einwandern, in der Auflösung von Dorf- und Familienstrukturen, durch Revolutionen, also einen Umsturz des politischen Systems, durch Auflösungen oder Neugründungen von Staaten. Politik ist nichts Außermenschliches. Sie funktioniert nicht immer rational, ebenso wenig wie die Liebe. Es gibt viel Leid und Freude zugleich in der Politik.

Auch Begriffe wie Stolz und Würde stehen im Zusammenhang und sollten nicht verfemt werden. Denn wenn sie keine echten Gemütsregungen mehr beschreiben, dann haben wir es mit einer müden, ermatteten Gesellschaft zu tun, deren O-Töne die Menschen nicht mehr treffen. Das Herz des Grundgesetzes, der Begriff der Würde schlägt gleich in seinem ersten Paragrafen. »Die Würde des Menschen ist unantastbar.« Es ist ein großer, allen Werten übergeordneter Satz.

Ich wurde in Deutschland in den Siebzigerjahren von der Politik und den gesellschaftlichen Verhältnissen in diesem Land erreicht, umfangen und geprägt. Ich konnte spüren, dass in diesem Land ein Lernprozess im Gange war, der auf Kompromissen beruhte, aber auch auf einer Portion Selbstkritik, ohne die solche Kompromisse gar nicht erst möglich sind. Es war die Zeit der mächtigen politischen Blöcke. Vor jedem Gedanken stand der eiserne Vorhang. Aber zwischen diesen Blöcken schien so etwas wie ein Freiraum zu entstehen. Ein Riss in der Mauer. In diesen Freiraum schallte die Charta 77 hinein, jene Bürgerrechtsbewegung aus Prag. Ein Resonanzboden half, die Mauer in Gedanken zu überwinden. Er klang wie ein Stück gute Literatur, wohltuend gegen die schlechten theatralischen Inszenierungen des real existierenden Sozialismus. Ein bedeutender Autor und eine politische Figur wie Václav Havel, späterer Präsident der Tschechischen Republik, begeisterte mich, und ich las seine *Briefe an Olga*, im Gefängnis geschrieben, mit großer Aufregung. In der Türkei war ein Dichter Ministerpräsident geworden, Bülent Ecevit. Als Arbeitsminister hatte er sich für stärkere Arbeitnehmerrechte eingesetzt. War das eine Hoffnung in dem Land, in dem es kaum einen Sinn für Kompromisse gab und bis heute nicht gibt? Das war für mich der eigentliche Gegensatz zwischen den Verhältnissen in der Türkei und in Deutschland. In Deutschland werden Kompromisse geschlossen und gepflegt, manchmal bis zur Unkenntlichkeit der Ausgangspositionen der Kontrahenten. In der Türkei scheitern sie schon im Ansatz. Die türkische Politik kennt nur das Scheitern von Koalitionen. Das führt unweigerlich zur Schwächung demokratischer Ansätze. Durchsetzen und Unterdrücken werden zu Synonymen. Rührt diese Erfahrung nur von historischen Unterschieden her? Ich war froh um dieses deutsche Grau, um dieses Zögern und langsame Entscheiden, um diese Melange der Positionen. Es handelt sich dabei letztlich um das Fundament der deutschen Demokratie, und wer daran sägt, tut nichts Gutes.

Die Türken dagegen streiten nicht wirklich miteinander. Sie kommen auch nicht zusammen. Sie setzen sich nicht einmal an den Tisch der Argumente. Wie soll in einer Gesellschaft, in der die Menschen geistig und gedanklich nicht zusammenkommen, Gerechtigkeit entstehen?

»Gott ruft die Menschen zusammen, wenn er richtet«, pflegte mein Vater zu sagen.

Mich interessieren Zustände, wenn Menschen zusammenkommen. Das ist mein politischer Sinn. Alleine bin ich selbst, doch wer bin ich mit anderen? Das ist für mich die Grundfrage, die sich in jeder Polis stellt.

Stolz und Würde empfinde ich in Deutschland nicht selten. Zum Beispiel bei einer Kanzlerwahl im Bundestag. Herrschaft und Volk verbinden sich zu einem bedeutenden historischen Moment. Es gibt wenige politische Akteure in der demokratischen Welt, die so viel Macht besitzen wie ein deutscher Kanzler. Aber diese Macht wird ebenso gestützt und legitimiert. Die deutsche Demokratie hat zweifelsohne Vorbildcharakter. Gerade deshalb schmerzen mich die Zustände in der Türkei in besonderem Maße. Menschen aus der Türkei, die seit Generationen in Deutschland leben, aber diesen Schmerz nicht spüren, werden mir für immer fremd bleiben. Ich möchte nicht über sie richten, aber ich kann sie nicht verstehen. Diese Fremdheit gegenüber einer Gemeinschaft, mit der ich die Herkunft teile, zeugt nicht etwa von einer Distanz, die ich empfinde. Im Gegenteil, gerade der Schmerz entsteht aus einer Nähe zu einem alten, kalt gewordenen Patriotismus, dessen Ablagerungen ich zwar in mir spüre, als Last, als peinigende Erbschaft, aber nicht mehr als Anleitung zu einem Bekenntnis. Deutschland und Deutschsein dagegen ist für mich eine Verheißung, ähnlich wie Europa, das versucht, die zahllosen Zivilisationsbrüche, die hier begangen wurden, zu überwinden. Doch wie redlich sind wir in Europa heute noch im Umgang mit unserer Geschichte? Zum Beispiel gegenüber Völkern in Afrika, die bis heute unter der Erfahrung des Kolonialismus leiden? Europäische Grenzen sind weit davon entfernt, befriedet zu sein. So ist das Mittelmeer, dieser Teich der Zivilisationen, zu einem Gräberfeld geworden für Menschen, die verzweifelt sind und bereit, auf der Flucht ihr Leben, das ihnen nichts mehr wert ist, zu riskieren.

Die Aufklärung gehört für mich nicht ins Museum, sondern ins Klassenzimmer. Es gibt diese kurzen glücklichen Augenblicke beim Blick ins Bücherregal, wenn ich die Schriften von Sigmund Freud neben denen des Ibn Chaldūn sehe, in türkischer Übersetzung, veröffentlicht in den Vierzigerjahren des 20. Jahrhunderts, als der große und brutale Krieg in Europa tobte. Die Neugier auf das Neue hatte damals die Türkei erfasst, und die Kulturschaffenden waren klug beraten, zu wissen, dass jene Grausamkeit, die sich vor ihren Toren abspielte, nicht das Neue war, sondern ein Rückfall in archaische Denk- und Verhaltensmuster. Aber versuchten sie nicht selbst eine Zivilisation aufzubauen, auf blutgetränktem Boden? Anatolien war eine Hochburg der Vertreibungen gewesen. Darüber wurde geschwiegen. Diese dunklen Kapitel, der Völkermord an den Armeniern, die Vertreibung der Griechen, passten nicht in den lichtvollen Horizont, in den man die zukünftige Türkei projizierte.

»Wir sind den Deutschen ihr Ringen um die Zivilisation schuldig.«

Mein Vater hatte die Türkei verlassen, weil ein solches Ringen, ein solches Bemühen in seinen Augen dort nicht stattfand oder nicht in genügendem Ausmaß. Dieses Ringen kann niemals genug sein, behauptete er. Ringen und Bemühen waren koranische Begriffe, die fest in ihm wurzelten, die er überall mit hintrug und die in seinen Augen so gut zu den deutschen Nachkriegsverhältnissen in der Bundesrepublik passten. Ich lernte von ihm, dass es Idole geben kann, aber niemals Ideale, die verwirklicht werden. Jene Idole, die daran glauben, Ideale verwirklichen zu können, werden zu Tyrannen. Deshalb also dieses ganze Ringen und Bemühen.

»Wir Menschen sind halbe Wesen, halb Satan, halb Gott.«

Man wird das, was man sich vorgenommen hat, nie gänzlich erreichen, aber man hat es versucht und war nicht der Versuchung erlegen, vorzeitig aufzugeben.

Migration – Wege ins Freie

Verkehrte Gesten, falsche Migranten

Seit langem beschäftigt mich die Frage, warum Deutschland nur wenige hochqualifizierte Migranten anzieht. Seit Jahren schon gibt es hierzulande einen Mangel an gut ausgebildeten und innovativen Arbeitskräften auf dem Arbeitsmarkt. Vor allem in der Informationstechnologie fehlen Fachkräfte, derzeit schätzungsweise dreihunderttausend. Dagegen wandern überproportional viele wenig oder schlecht ausgebildete Menschen ein. Liegt das am starken Sozialsystem, in das viele bedürftige Fremde einwandern wollen, wie man es oft zu hören bekommt? Arme, mittellose Menschen träumen von den paradiesischen Zuständen in Deutschland? Ein Bild, das schwer zu widerlegen ist. Doch kann es nicht sein, dass gerade unsere ambivalente Einstellung gegenüber der Zuwanderung für diesen Zustand ebenso verantwortlich ist?

Unqualifizierte, mittellose Einwanderer sind hierzulande unbeliebt, denkt man. Auf den ersten Blick mag das stimmen. Doch bei genauerer Betrachtung bedient sowohl die Abweisung solcher Migranten als auch die Willkommensgeste spezifisch deutsche Gefühle. In jedem dieser Fälle bestätigt der schwache Migrant die Hierarchie zwischen Einheimischen und Einwanderern. Es ist immer klar, wer Herr im Hause ist. Von diesem Standpunkt aus lassen sich sowohl fürsorgliche Empfangsaktionen für Flüchtlinge organisieren als auch Brandanschläge auf Asylbewerberheime. In jedem Fall bleibt der Migrant das schwache Glied in der Kette. Die Fürsorge beruhigt das schlechte Gewissen, die Aggression bedient die Angst. Der Migrant aber ordnet sich in jedem Fall unter, bleibt unterwürfig.

Es kann also nicht verwundern, dass wir in Deutschland auf qualifizierte Migranten so schlecht eingestellt sind. Dabei geht es nicht so sehr um bürokratische Hürden oder soziale Hindernisse. Wir haben eine Mentalität, die fremde Eliten abstößt. Wir fürchten ihre Konkurrenz. Wir wollen gar nicht hören, dass es eventuell jemanden da draußen geben könnte, der uns mit Rat und Tat beisteht. Jemanden auf Augenhöhe. Gerne aber schauen wir auf arme, mittellose Migranten, die unsere Ablehnung oder Umarmung erfahren. In jedem Fall geht es um uns, unsere Abneigung oder unsere Gewissenspflege. Auch fragen wir kaum nach, wenn wir von einem sogenannten *Wir* sprechen. Wer ist dieses *Wir*, das so oder so reagiert? In unserer Gesellschaft sind wir doch stolz auf die Individualisierung eines jeden einzelnen Mitglieds. Wie kann es dann sein, dass wir oft von einem aufgeblähten *Wir* sprechen, wenn es um Migration, um Fremde, Einwanderer, Geflüchtete geht? Der

Mensch, der sich von uns unterscheidet, muss definiert werden, und dadurch definieren wir uns selbst. Seltener fällt uns ein zu sagen, dieser Mensch ist anders als ich. Nein, »sie sind anders als wir« ist die gemeinsame Formel der Einheimischen. Und weil sie anders sind, müssen wir ihnen helfen, ihnen etwas beibringen, wir nehmen uns das Recht heraus, sie zu korrigieren oder abzuweisen. Leichter kann sich ein Gemeinwesen nicht definieren. Durch den Unterschied zu anderen sticht das Eigene hervor.

Der Begriff Migration weckt in Deutschland vor allem soziale Reflexe. Der Sozialstaat fühlt sich herausgefordert und empört sich, weder wirtschaftliche noch kulturelle Aspekte genießen ausreichend Aufmerksamkeit. Wir schauen mit der Arbeiterwohlfahrtsbrille auf die Einwanderung. Das verschafft den Einheimischen eine trügerische Überlegenheit, die in jedem Fall den Einwanderer zum Objekt und Sozialfall macht. Bikulturalität, Zweisprachigkeit ist in diesem Kontext keinerlei Beachtung wert. Es gibt einfach keine gemeinsame Sprache, die zwischen den Unterschieden vermitteln könnte.

Einwanderer, die sich in deutschen Belangen auskennen, sind eher suspekt. Es sei denn, man landet in Bayern und begeistert sich für die üppige Folklore. Doch schon in Berlin versagt jeglicher Integrationskurs via folkloristisches Erbe. Die Berliner Schnauze ist ein sehr eigener Dialekt, hinter dem sich ein unnachahmlicher Charakter versteckt.

So bleiben in Berlin mehr Migranten unter sich als beispielsweise in München. Dadurch wird Berlin weder zur offenen Weltstadt, noch leben die Einwanderer in sogenannten gefährlichen Parallelwelten. Wenn Einwanderer in ihrer eigenen Welt leben, die sich so weit wie möglich nach außen hin abschottet, verhalten sie sich genau so, wie die Mehrheitsgesellschaft die Fremden sehen will: fremd, anders, zumeist bedürftig, in seltenen Fällen exotisch anziehend. Immer eine Stufe unterhalb des Durchschnitts. Subventionsterrain, aber auf keinen Fall gleichwertig. Vielen Migranten erscheinen die Nischen, die ihnen auf diese Weise eingeräumt werden, lukrativ. Sie gestatten weniger Konkurrenz, schnelles Vorankommen.

Leere Archive – verlorene Briefe

Die Geschichte der Migration wurde in Deutschland bisher, wenn überhaupt, nur fragmentarisch geschrieben. Auch der Versuch einer musealen Aufarbeitung steht an einem Anfang, der sich aber nicht so recht zu entwickeln vermag. Die dauerhaft in Deutschland lebenden Ausländer sind der deutschen Geschichte gegenüber Fremde geblieben. Das gilt auch andersherum. Der Begriff »Migrationshintergrund« ist der nebulöse Ausdruck einer verwaschenen Wahrnehmung der verschiedenen Herkünfte und ihrer Historien. Nur eine winzige Minderheit unter den Jugendlichen mit ausländischem Hintergrund interessiert sich für die deutsche Geschichte. Viele kalte Schultern, die nicht in der Lage sind, den Atem, der in den Biografien noch lebt, zu erfassen.

Wer wird sich um die Briefe meiner Eltern kümmern? Sie sind hier, wo ich aufgewachsen bin, fehl am Platz. Es sind Briefe in fremden Sprachen, jene in arabischer Schrift nicht einmal für mich gut lesbar. In der Türkei allerdings bleiben diese Briefe ebenfalls unleserlich und daher auch ungelesen. »Archiv« ist dort ein Fremdwort. Archivare stellt man sich als uralte, schrullige Menschen vor, eine aussterbende Zunft. Tausende von Lebenszeugnissen sind auf dem Müll gelandet, wurden geschreddert, verbrannt, sind in Rauch aufgegangen. So habe ich fast nichts in der Hand über das Leben meiner Großeltern. Väterlicherseits ein paar Teppiche. Hätte es mütterlicherseits keine Offiziere gegeben, hätte ich wohl kaum diese Bücher erben können, die vom Onkel meiner Mutter stammen, Bücher in deutscher, russischer und osmanischer Sprache.

Es ist erstaunlich, wie viel in Deutschland noch übrig ist, trotz Plünderungen und Bombardements im Zweiten Weltkrieg. Deutschland ist ein Land des Sammelns und Archivierens. Umso mehr fällt die gleichgültige Arroganz gegenüber der Geschichte der Migration auf. In deutschen Museen und Archiven fristet der Nachlass der Migration nicht einmal ein Nischendasein. Und an unseren Universitäten gibt es noch keine Fachbereiche, die sich speziell mit der Geschichte der Migration befassen.

Ich kann mir vorstellen, dass sich in den türkischen Familien mit bürgerlichem Hintergrund zahlreiche schriftliche Zeugnisse des Lebens in Deutschland nach dem Krieg befinden, die aber entweder mit der Zeit verloren gehen werden oder im privaten Besitz dahinschlummern.

In einigen Jahrzehnten wird sich vielleicht ein vielsprachiges multikulturelles Deutschland auf die Suche nach diesen Zeugnissen machen, sie besser aufbewahren und zu entziffern versuchen. Dann ist es aber vielleicht schon zu spät.

So entsteht eine aufgestaute Fremdheit zwischen Menschen mit biografisch deutscher Herkunft und den anderen, den Türken, Griechen, Italienern, Serben etc. Diese Fremdheit wird von Generation zu Generation weitergegeben. Wir vererben die Fremde zwischen den Völkern und Kulturen. Dabei sind nicht mehr so sehr die Menschen einander fremd – Deutschland hat inzwischen Millionen Staatsbürger, die in einem anderen Land geboren worden sind, als Eheleute, Nachbarn, Clubmitglieder –, es ist ihr Verhältnis zur einheimischen Geschichtsschreibung und kulturellen Identität mit all ihren Institutionen, Museen, Theatern, Universitäten, die diese Fremdheit fortschreibt.

Irgendwie erinnern mich Migrantenbiografien an Frauenbiografien. Letztere wurden durch eine mühsame Emanzipationsgeschichte ans Tageslicht gehoben und sind inzwischen selbstverständlich Teil der Geschichtsschreibung. Erst durch ihre Lebensgeschichten und deren Dokumentation konnten die Frauen in der Gesellschaft sichtbarer werden und ihre Ansprüche gegenüber den Männern geltend machen.

Meine Mutter war eine fleißige Briefeschreiberin. Was aber steht in diesen Briefen, die sie an Freundinnen, an ihren Ehemann, an ihre Schwestern gerichtet hat? In vielen Fällen hat sie Durchschriften gemacht. Es sind eben nicht nur alltägliche banale Berichte und private Notizen, sondern auch viele persönliche Beobachtungen einer Frau aus der ersten Generation der türkischen Modernisierung im Deutschland der Sechziger- und Siebzigerjahre. Deutschland ist in diesen Briefen vor allem München. Eine Stadt, deren Umbruch von einer heimeligen Provinz zur wichtigen Metropole in den frühen Siebzigerjahren von meiner Mutter genau beobachtet und festgehalten worden ist. Sie wirkt in ihren Briefen nicht wie eine Fremde in München. Sie lebte gerne in dieser Stadt. Von Heimweh ist nicht oft die Rede. Öfter findet man dagegen ironische Bemerkungen über Deutsche, die sie nach einem Termin für ihre Rückkehr fragen. Es kommt ihr manchmal so vor, als würden viele Deutsche kleine Ausländerbehörden sein, die Auskunft verlangen. Aber man spürt in diesen Briefen auch, dass sie an einer gewissen Einsamkeit litt. Ihre Bekannten sind weit weg, und neue Bekanntschaften bleiben oberflächlich. Dabei wirken manche der Deutschen, die in ihren Briefen vorkommen, oft wie Eindringlinge, die Ansprüche stellen. Sie wollen meine Mutter öfter sehen. Sie stellen Fragen in Bezug auf ihr bisheriges Leben. Sie nehmen am Familienleben teil, werden durch den Sohn nach Hause gebracht, und ihre Geschichten, die sie ungern erzählen, werden von meiner Mutter eher erraten als wiedergegeben. Das Gespräch mit den Deutschen ist eine Einbahnstraße, notiert meine Mutter einmal. Die deutschen Freunde sind nicht sehr gesprächig, aber ihnen wird Respekt und eine gewisse Nachsicht entgegengebracht. Das Selbstbewusstsein der neuen deutschen Frau rückt dabei mit der Zeit immer mehr ins Zentrum der Betrachtungen. Zahlreiche Artikel aus Zeitungen und Illustrierten der frühen Siebzigerjahre, die sie ausgeschnitten hat, deuten darauf hin. Meine Mutter hat alles aufgehoben, was ihr interessant erschien. Das gilt eben auch für ihre Briefe, deren Durchschriften sorgfältig geordnet und gut erhalten sind. Doch die Frauen der Nachbarschaft, mit denen sie in Kontakt steht, scheinen keine Geschichte zu haben, die meisten, noch im Krieg geboren, erzählen wenig von ihren Eltern, Vätern, Großvätern. Ihre Mütter sind meistens noch am Leben, aber praktisch stumm. Deshalb war meine Mutter auf Mutmaßungen angewiesen. Unsere deutschen Nachbarn sind Kinder von Vertriebenen, schreibt sie, aber sie versuchen, das zu verheimlichen. Denkt sie dabei an die Mutter meines besten Freundes? Zu ihr baute sie ein herzliches Verhältnis auf. Eine Frau mit dunklen Locken, stechend blauen Augen und ebenmäßigen Gesichtszügen. Die beiden finden sich gegenseitig schön, anziehend, es knistert, wenn sie einander treffen. Das bilde ich mir vermutlich ein, schon früh habe ich eine Neigung, die erotischen Komponenten einer Beziehung zu erspüren und zu übertreiben. Auch gleichgeschlechtliche.

Dieses Rätseln über das neue Land und den Lebenslauf seiner Menschen, aus der Sicht einer Fremden, wäre auch für die Deutschen selbst eine wichtige Perspektive für ihre Selbstwahrnehmung, denke ich. Ich werde den Gedanken lange für mich behalten. Interessieren tut sich dafür niemand. Das stelle ich immer wieder in Gesprächen fest. Es fehlt sogar die Vorstellung, dass es überhaupt solche Zeugnisse geben könnte.

Das hat mich immer gewundert und ratlos gemacht. Wie kann man Menschen in die eigene Gesellschaft aufnehmen, deren geistige Existenz, deren Gedanken und Träume anschließend so unbedeutend sein sollen und zum Verschwinden verurteilt sind? Alle diese im Bewusstsein fehlenden Biografien sind schwarze Löcher der deutschen Gegenwart. Sie machen die deutsche Identität zu einem Unsicherheitsfaktor oder zu einem verschlüsselten Geheimnis. Für einen Schriftsteller durchaus inspirierend. Aber zugleich sorgen sie dafür, dass wir gegenseitig Fremdheit vererben. Der Fremde bleibt außen vor.

Wie und von wem lernen?

Das Lernen gestaltet unser Dasein in der Welt. Durch das Lernen nehmen wir unsere Bestimmung in die Hand. Wir können unser Schicksal verändern. So wird der Lehrer zur zentralen Figur der Modernisierung. Mit ihm kam die Moderne ins Dorf. Das war in Deutschland nicht anders als in Italien, in Spanien nicht anders als in der Türkei, in Mitteleuropa nicht anders als im Orient.

Die Autorität des Lehrers beginnt mit der Autorität des Geistlichen zu konkurrieren. Eine Arbeitsteilung zwischen den beiden ist nicht selbstverständlich, ein mühsames Ringen geht ihr voraus. Was ist Wissen, was Glaube? Können wir wissen ohne Glauben, glauben ohne Wissen? Jahrhundertfragen.

In katholisch geprägten Ländern wie Italien und Spanien hatten es aufgeklärte Lehrer nicht immer leicht. Unter der Franco-Diktatur in Spanien war die Luft für sie mindestens genauso dünn wie für Regimekritiker in der DDR. An der Stellung des Lehrers zeigt sich der Charakter des politischen Systems, die Einstellung seiner Umwelt.

In der Türkei gab es lange Zeit eine Konkurrenz zwischen Dorfschulen und Imamschulen. Dorfschulen, von den Kemalisten gegründet, um die Ideen der Aufklärung in die Provinz zu tragen, wurden schon vor Jahrzehnten geschlossen und in der Zwischenzeit immer neue Imamschulen eröffnet. Sie werfen ihre Schatten bis nach Deutschland. Denn der Lehrer in der Türkei ist nicht mehr der gleiche wie vor vierzig Jahren. Er muss inzwischen den Imam in sein Weltbild integrieren. Muslimische Kinder erleben die Spannung zwischen Geistlichen und Lehrern ganz anders als christliche oder Kinder aus nichtreligiösen Familien.

Wer auswandert, muss immer auch ein Verhältnis zum Lehrer des neuen Landes aufbauen. Die Anerkennung des Lehrers ist ein zentraler Aspekt jeglicher Angleichung und eine wesentliche Integrationsanstrengung.

In Deutschland steht der Lehrer oft auf schwankendem Boden. Seine Autorität ist mehr als angegriffen. Wobei Autorität ohnehin ein problematischer Begriff ist, denn er wird nicht selten fälschlicherweise mit Diktatur gleichgesetzt. Dabei braucht gerade eine freiheitliche demokratische Gesellschaft viel Autorität. Die Justiz, die Schule, der Technische Überwachungsverein. Hängen unsere Schwierigkeiten mit der Integration nicht auch damit zusammen, dass uns nicht immer bewusst ist, wie sehr wir von funktionierenden Behörden abhängen? Es ist heute undenkbar, den Lehrer, die Lehrerin als eine Instanz unumstrittener Autorität anzusehen. Die Erziehung aber ist kein Selbstläufer. In der Schule musste ich erst lernen, dass man gehorchen kann, ohne zu jemandem aufzusehen. Die lockere Atmosphäre der deutschen Schule war für mich ungewohnt. Kein Fahnenappell wie in der Türkei, kein Direktor, dem man die Hand küsst.

In meinem Roman *Gefährliche Verwandtschaft* beschreibe ich meine Erfahrung der Einschulung in Deutschland:

»Auf dem Weg in die Volksschule, die ich fortan besuchen sollte – ich sprach kein einziges Wort Deutsch und fürchtete mich vor dem Moment, in dem ich den fragenden Mitschülern schweigend gegenüberstehen musste –, klärte mich mein Vater über einen Sachverhalt auf, der mich vollends ins Staunen versetzte, mich aber gleichzeitig unerklärlicherweise erleichterte: ›Dem Direktor küsst man in Deutschland nicht die Hand‹, sagte er, ›man schüttelt sie nur, wie unter Freunden.‹

Dem türkischen Jungen, der bis dahin in die autoritären Erziehungsstrukturen seiner Heimat eingebunden war, blieb diese eher beiläufige Anmerkung des Vaters im Gedächtnis haften. Als wir die Schule erreichten und vor dem Direktor standen, folgte ich der Anweisung meines Vaters und schüttelte dem Mann nur die Hand, obwohl die Tatsache, dass er nicht nur Direktor, sondern auch noch ein in die Jahre gekommener Herr mit weißen Haaren war, eindeutig für den Handkuss sprach.

Nach der Begrüßung verschwand der Mann im Nebenzimmer und holte noch einen Stuhl, den er mir, dem achtjährigen Knirps, anbot. Irgendetwas stimmte in diesem Land nicht. Ich schaute zu meinem Vater, der mir andeutete, dass ich das Angebot akzeptieren und mich setzen sollte.«

Ich weiß, dass diese kleine Geschichte immer wohlwollend zitiert wird, um die Vorzüge unseres liberalen Erziehungswesens zu preisen. Es eint uns die Freude darüber, dass hier einem Kind Respekt entgegengebracht wird. Doch man stelle sich einmal die Verwirrung des Kindes vor, wäre da nicht der Vater gewesen, der es über die neuen Verhältnisse aufklärte. Oft entsteht eine situationsbedingte Verwilderung, wenn genau diese Aufklärung oder Einweisung fehlt. Aus der Situation heraus kann sich dann Entfremdung und Orientierungslosigkeit entwickeln. Die unterschiedlichen Erziehungsmuster kommen einander in die Quere. So etwas geschieht ja manchmal auch in Familien, wenn Mutter und Vater nicht am selben Strang ziehen und unterschiedlichen Erziehungskonzepten folgen.

Antiautoritäre Erziehung wird inzwischen durchaus kritisch hinterfragt. Einwanderungsgesellschaften brauchen daher eine extra Portion Disziplin. Vorbilder sind wichtige Türsteher. Sie können von Grenzposten, die Pässe kontrollieren, nicht ersetzt werden.

Nicht nur mein Vater, auch meine Mutter war ein solches Vorbild für mich. Sie ordnete die Territorien zwischen unserem privaten Leben und der Öffentlichkeit. Mein Vater trug dagegen sein Inland offen vor sich her. Er bewohnte sein Land gerne gemeinschaftlich. Er dachte kommunikativ, und das gemeinschaftliche Gebet war ein Ritual des Zusammenhalts. Meine Mutter war bereit zu teilen, aber nur nach festen Regeln, die ihr Freiräume ermöglichten. Offene Grenzen waren ihr ein Graus. Sie hätte nie mit meinem Vater – in ihren Augen ein zerstreutes Wesen – zusammenleben können, hätte es bei uns zu Hause kein striktes Reglement und deutlich abgetrennte Räume gegeben. Unterschiedliche Räume für verschiedene Gäste zum Beispiel. Mein Vater traf seine Freunde in einem kleineren, dunklen Zimmer, das streng nach Papier roch und in dem schwere Vorhänge an den Fenstern hingen. Meine Mutter empfing ihre im hellen Salon, der sich zu einer Terrasse hin öffnete. So ist es mir in Erinnerung geblieben, diese getrennt empfangenen Gäste mit ihren unterschiedlichen Sprachen. Natürlich trafen sich Vater und Mutter auch gemeinsam mit Freunden. Dann wurde die ganze Wohnung geöffnet, im Sommer auch die Terrasse, alle Zimmer standen offen bis auf das kleine Arbeitszimmer meines Vaters. Viel zu dunkel, um sich dort aufzuhalten, meinte meine

Mutter. Ich vermutete dort ein Geheimnis, durfte das Zimmer aber erst nach dem zehnten Lebensjahr betreten. Der Grund für diesen Zutritt war allerdings nicht meine angestaute Neugier, sondern eine Koranrezitation, die ich vor einer versammelten Runde geben musste. Plötzlich verlor der Raum für mich seinen Reiz. Er wurde zu einem gewöhnlichen Arbeitszimmer.

Geist, Gesicht und Herkunft

Auf den Straßen Istanbuls werde ich oft nach meiner Herkunft gefragt. Man verortet sie irgendwo in Frankreich oder Spanien. In Berlin passiert mir das auch. Hier werde ich gefragt, ob ich aus Indien stamme. Iran ist auch im Angebot. In türkischen Geschäften werde ich regelmäßig auf Deutsch angesprochen. Keiner mag glauben, dass ich des Türkischen mächtig bin. An manchen Tagen überrasche ich mein Gegenüber mit einer Antwort auf Türkisch. Dieser nimmt dann meistens an, ich sei ein Tourist aus der Türkei. Sehr wahrscheinlich aus Istanbul. Zumindest ein Großstädter. Ich sorge für eine Identitätsmaskerade, die mich amüsiert, aber auch erstaunt. Woran liegt das? Nein, am Aussehen allein kann es nicht liegen. In Lissabon oder Tel Aviv gehe ich problemlos als Einheimischer durch, werde in der Landessprache nach dem Weg oder der Uhrzeit gefragt. Ich habe mir schon Gedanken über den Grund meiner vermuteten Herkünfte gemacht. Was macht mich in den

Augen anderer zum Einheimischen oder Fremden, zum Abendländer oder Südländer, wenn nicht die Haut oder das Haar? Haare habe ich kaum noch welche, und die Haut ist dunkel genug, um mich nicht als Mitteleuropäer einzustufen. Es muss an etwas anderem liegen.

Ich habe einen Habitus, eine Ausstrahlung, die weder deutsch noch türkisch ist, höre ich aus dem Munde eines Freundes, der Verhaltenspsychologe ist. Wir würden auf andere nicht nur aufgrund unseres äußeren Erscheinungsbildes wirken, sondern auch durch die Art und Weise, wie diese Erscheinung sich ausdrückt. Ich beobachte den Gang von Menschen und versuche mir ihre Lebensgeschichten vorzustellen. Es nützt nichts zu wissen, woher man kommt, wenn man nicht weiß, wohin man geht. Ich suche Begriffe für meine Gangart und finde nichts. Jemand sagt, du gehst forsch. Ich habe immer das Gefühl, ich schlendere. Ich bin ich. Ich habe einen Namen, ich besitze zwei Sprachen, die mir eigen sind, einige Fremdsprachen unter den Flügeln und meine Art, mich auszudrücken. Das alles ist weder national noch regional einzusortieren. Ich bin ein unsortierter Mensch. Doch was bedeutet das? Es bedeutet, dass ich einen Blick habe, der auf mehrere Dinge zugleich schaut. Ich gehöre niemandem und keinem Land. Sollte mich das irritieren oder trösten? Manchmal sorgt es für Verunsicherung. Manchmal kann es den Verdacht nähren, dass ich nicht immer treu sein kann. Mein Geist wendet sich zwei Sprachen zu. Und mein Körper? In meiner Familie zum Beispiel ist der deutschsprachige Zafer ein Ausländer, nicht unbedingt ein Deutscher, aber jemand, den man in einer seiner Sprachen nicht versteht. Niemand würde mich da offen als einen Fremden bezeichnen. Dennoch spüre ich manchmal, dass dies nur aus Höflichkeit nicht geschieht. Es entsteht so etwas wie die größtmögliche Distanz zu einem Familienmitglied. Gibt es auch so eine Distanz eines Landes gegenüber seinem Staatsbürger? Ich meine, ja. Wenn ich ehrlich bin, ist das mehr eine Annahme als eine persönliche Erfahrung.

In der relativ kleinen Familie, aus der meine Mutter stammt, und von der nur noch eine Tante am Leben ist, bleiben die Verhältnisse überschaubar. Doch die Großfamilie meines Vaters sorgt für Unruhe und Unübersichtlichkeit: neun Geschwister, fünf noch am Leben, in meiner Generation zählen wir zweiunddreißig Köpfe. Wir? Gehöre ich dazu? Ich picke mir meine Lieblingsverwandten aus der großen Menge heraus. Keine Handvoll bleibt übrig. Den einen oder anderen sehe ich alle fünf bis zehn Jahre. Wir altern in großen Sprüngen. Vermisse ich nicht die Wärme, das Nest?

Längst habe ich mich entschieden, dass die Frage nach meiner Herkunft in meinem Körper keine Basis mehr findet. Ich habe alle Wurzeln in mir ausgerissen. Doch bewahre ich sie nicht mehr oder weniger heimlich auf? Auf dem Dachboden meiner Gedanken?

Denkt an den Körper!

Menschen, die auswandern, sind auch körperlichen Veränderungen ausgesetzt. Das liegt nicht nur an klimatischen Bedingungen oder unterschiedlichen Lebensvoraussetzungen. Selbstverständlich wirkt sich Armut auf den Körper aus, ebenso wie Wetterextreme. Oft ohne es selbst zu merken, verändern Auswanderer aber die Art, wie sie sprechen, wie sie hören, schmecken, die Art, sich anzuziehen und sich zu bewegen. Man schrumpft oder wird größer, nimmt Haltung an oder verbiegt sich. Auch die Organe scheinen sich stärker bemerkbar zu machen. Unregelmäßiger Herzschlag, schneller arbeitendes Hirn, Schmerzen in den Händen und Beinen, nervöser Magen. Kulturwechsel ist für den Menschen genauso bedeutend wie Klimawechsel. Ist man in einer Gruppe? Lebt jemand im Heim oder innerhalb seiner Familie?

Es gibt kein Kulturbewusstsein ohne Körperkontakt. Der Leib mit all seinen Funktionen und Organen ist immer ein Teil unserer Selbstwahrnehmung.

Wie viel türkisches Herz schlägt in einem deutschen Körper? Schon sehr früh in meiner Kindheit verlor ich in Deutschland das Gefühl, ein Fremder zu sein. Dabei waren meine Eltern offensichtlich ganz anders als die Menschen in meiner Umgebung, die wir Deutsche nannten. Aber sie waren keine anderen Menschen. Sie hatten nur andere Gewohnheiten. Sie lachten anders, aßen und tranken anders, hörten eine andere Musik. Mein Vater betete anders als meine Lehrer. Manche von ihnen beteten gar nicht. Doch auch meine Mutter betete anders als mein Vater. Das heißt, sie betete viel seltener. Die Unterschiede in meiner Umgebung wurden mir zur Herzensangelegenheit. Ich fand sie nicht irritierend, sondern anregend. Diese kleinen und größeren Verschiedenheiten waren keine Ursache der Distanz, denn sie passierten in meiner unmittelbaren Umgebung, ohne dass ich mich bewegte. Sie waren Teil meines Umfeldes. Die Vertiefung in den Geist und die Atmosphäre unterschiedlicher Kulturen ermöglichen eine multiple Identität, nach verschiedenen Seiten hin offen.

Das ist etwas ganz anderes als Persönlichkeitsspaltung, wenn ein Mensch zu zerreißen droht. Die Persönlichkeit wird fester, wenn sie unterschiedlich geschult wird. Sie wird zweisprachig, polyglott und großherzig. Wir haben in unserer Gesellschaft aber keine Erziehung zur multiplen Identität. Stattdessen fördern wir eine monologisierende Bekenntniskultur zur Homogenität, die feine Unterschiede kaum bemerkt und gröbere Unterschiede als Spaltung beschreibt. Diese Erziehung hat mit unserer Wirklichkeit, vor allem in den Großstädten, nicht viel zu tun.

In Deutschland ist der Kulturpluralismus trotz Föderalismus nur schwach ausgeprägt und seine multikulturelle Variante weitgehend diskreditiert. Der Föderalismus wird als eine Auffächerung des Deutschseins verstanden und nährt je nach Region mehr die Folklore als eine moderne, weltoffene Kulturpolitik. So wurde die Vielfalt der Länder und Regionen niemals wirklich ein Aspekt der Hochkultur. Das Hochdeutsche war nicht nur eine Sprachvariante, es war auch ein soziales Korrektiv auf dem Weg nach oben. Das Beharren auf Mundarten wird als schrullige Volksnähe akzeptiert, spielt aber in der Literatur und in der Hochkultur keine nennenswerte Rolle. Die Mundarten werden vor allem auf alternative Szenesprachen reduziert und sind mit deren Schwächung in den letzten Jahrzehnten gänzlich in den Hintergrund geraten. Mich erinnerte das Schicksal des Fränkischen und des Oberpfälzischen ein wenig an den verwahrlosten Zustand der Gastarbeitersprachen in Deutschland.

Bei mir gab es allerdings eine ganz andere, persönliche linguistische Struktur. Deutsch und Türkisch berührten sich als Hochsprachen. Respekt gegenüber der Grammatik wurde großgeschrieben. Gegenüber der Sprache ist jeder Einzelne von uns ganz klein. Undenkbar, eine Sprache vollkommen beherrschen zu wollen.

Ich schuf mir Parallelen, die jedoch ihre Geradlinigkeit aufgaben und immer wieder Kreuzungen erlaubten. Mein eigenes höchst privates Labyrinth. Mit einem solchen Labyrinth ist man ein Leben lang beschäftigt. Es sorgt nicht nur für Unterhaltung, es bringt auch Überraschungen mit sich. Das Leben des Migranten wird weniger vorhersehbar. Keine statische Mengenleere, die Schnittmengen auf den Markt trägt, sondern Berührungspunkte höchster Intensität. So werden kulturelle Verhältnisse intim wahrgenommen. Sie werden zu erotischen Brennpunkten.

Migrationsgeschichte wird sinnlich und verkommt nicht zum blassen, mickrigen »Hintergrund«. Dabei sind unsere öffentlichen Diskurse, die Einwanderung beschreiben, in höchstem Maße unattraktiv. Sie sind fest in der Hand des Bürokratendeutsch und werden vom Geist der Abwehr und Abschottung durchdrungen.

Der Migrant wird auf seine Herkunft projiziert, auf seinen »Migrationshintergrund«. Doch was ist sein Imago, wie stellt er sich seine Zukunft vor? Wie stellen sich Einheimische das Leben in Gemeinschaft mit Migranten vor? Inzwischen macht ein Teil der Bevölkerung seiner Wut spürbar Luft. Der »Wutbürger« übertönt den »Zukunftsbürger«. Es fehlt uns in Deutschland bislang ein Narrativ, das die Zukunft unserer Gesellschaft mit ihrer kulturellen Vielfalt und ihrem Vexierspiel der Identitäten beschreiben würde.

Wir brauchen mehr gemeinsame Bilder für die Attraktion, die sich durch eine mal flüchtige, mal unvermeidbare Berührung entfaltet.

Wer sind wir?

Ich als Türke und mein deutsches Ich, das ist schon ein Wir. Der Pluralismus beginnt im Herzen eines jeden einzelnen Menschen. Die kulturelle Attraktivität aber ist in der Tiefe verborgen, und sie wird nur dann mitteilbar, wenn sie Sprachen bedient.

Deutschland aber zieht sprachlose, sprachverlustige Migranten magnetisch an und lässt nichts unversucht, die Vertiefung und Entwicklung von Sprachen zu verhindern. Das hemmt den sozialen Aufstieg und die Übersetzung von Bildungserfolgen in kulturell herausragende Stimmen. Integration auf Folkloreniveau ist die Folge. Nirgendwo wird das deutlicher als in der Kulturpolitik und in der mageren Qualität der von Migranten in Deutschland geschaffenen Kunst. Es ist bezeichnend, dass es auch nach einem halben Jahrhundert keine nennenswerte kritische Aufarbeitung der musischen Leistungen der Einwanderer und ihrer Nachfahren gibt. Die deutschsprachigen Universitäten hinken den amerikanischen hinterher, wenn es um deren Rezeption geht. Die unkritische Lobhudelei, die in Teilen der Öffentlichkeit manchen Institutionen und bedeutungslosen künstlerischen Produktionen entgegengebracht wird, kann wohl nur als Kulturdesign interpretiert werden.

Dabei war schon 1977 das Feuilleton in Deutschland viel weiter, als es heute ist. Ein Poem von Aras Ören mit dem vielsagenden Titel *Privatexil* war erschienen, das Werk eines bedeutenden Berliner Autors, das heute fast vergessen ist. Ein Autor der Verhältnisse in Berlin in den Sechziger- und Siebzigerjahren.

In der *ZEIT* vom 15. Juli 1977 schieb der Rezensent Peter von Becker:

»Dieser Satz wie ein Bekenntnis vorweg: Aras Örens Gedichte gehören für mich zum Schönsten und in einem nicht nur binnenliterarischen Sinne Bedeutungsvollsten, was im deutschen Sprachraum in den letzten Jahren geschrieben wurde.

Aras Ören ist Türke, 1939 in Istanbul geboren. Die Türkei gehört zu Europa und Asien, gehört von Kopf bis

Fuß dreiuneinig zur Ersten, Zweiten, Dritten Welt und dabei auf eine besondere Weise auch zu unserer Welt.«

Hier wird zunächst einmal wie selbstverständlich akzeptiert, dass im deutschen Sprachraum ein Text in türkischer Sprache entstehen kann, denn Örens Poem ist von Gisela Kraft aus dem Türkischen übersetzt worden. Der Rezensent legt den Grundstein zur Erweiterung des Sprachraums »Deutsch«. Dann erscheint das Gebäude der »Dreiuneinigkeit« gar nicht mehr so spukhaft, sondern in aller Nüchternheit als »unsere Welt«.

J für Jude, Y für Yahudi

An der Grenze zwischen dem Buchstaben J und dem Buchstaben Y hatte sich das Wort »Jude« niedergelassen. Zwischen »Jude« auf Deutsch und »Yahudi« auf Türkisch gab es scheinbar überhaupt keine Verbindung mehr. Wer in Deutschland ankommt, kann das Wort »Jude» in keine andere Sprache mehr übersetzen. Es war mir immer fremd vorgekommen und dennoch wie ein Gesicht, das ich aus alten Familienalben kannte. Jude, ein Wort, das wie ein entfernter Verwandter klang.

Ich wundere mich heute, wie schnell der Begriff »Antisemitismus« übersetzt wird. Unsere Gesellschaft, so scheint es mir, besteht aus Übersetzern, die Begriffe von einem Kontext in den anderen verschieben, ohne die Geschichte des Begriffs zu verstehen. Oft lassen sich aber Begriffe nicht verschieben, bleiben unübersetzbar, und wer sie tragen will, wird von ihrer schweren Tiefe aufgesogen. Der Begriff »Antisemitismus« assoziiert in Deutschland Hitler und Auschwitz. Das J in den Pässen des Dritten Reichs lässt sich nicht einfach in das Y in der türkischen Sprache übersetzen.

Diese Buchstaben haben sich in meinen Büchern in Charaktere verwandelt. Ich ließ sie für sich sprechen, in beiden Sprachen, die meine Geschichten verfassten, Deutsch und Türkisch, J und Y.

Ich wanderte um den Buchstaben J herum, als Türke, der in Deutschland aufgewachsen war und lebte. In vieles, was damit zu assoziieren war, konnte ich nicht eindringen. Das Jiddische zum Beispiel. Anderes erschien mir verwandt oder voller Inspiration für die Sprache, in der ich meine Wirklichkeit wahrnahm. Das Jüdische bei Paul Celan, das Denken Walter Benjamins, die Tiefenbohrungen eines Gershom Scholem. Ich erinnerte mich an kein Y mehr.

Doch bei meinen Besuchen in der Türkei wurde ich immer Zeuge einer Verwandlung des Buchstaben J in ein unausgesprochenes Y. Dieses Y in der Türkei braucht keine Geschichte, obwohl es eine sehr abwechslungsreiche Vergangenheit hat, die bis in das 15. Jahrhundert und bis nach Spanien reicht. Es ist eine europäische Vergangenheit, von der wir in unseren Schulen nicht sprechen. Warum eigentlich nicht?

Inzwischen ist die Geschichte des Y in der Türkei unheilvoll geworden. Es spricht mal aus den Wunden der modernen Türkei mit einem Aufschrei und verbreitet erregt die Geschichte einer Ansteckung mit dem Bazillus des Antisemitismus. Die darauffolgende chronische Erkrankung darf nicht eingeschleppt werden. Doch ist sie dort, wo sie wütete, erträglicher?

Ja, es gibt diesen eingeschleppten Judenhass auch in der Türkei, eingeschleppt im Zuge der Verwestlichung. Es ist die moderne rassistische Variante, die fast ohne religiöse Symbole auskommt. Der Vorurteilskatalog dabei ist bekannt, lässt sich in fast alle Weltsprachen übersetzen.

Doch nicht übersetzen lässt sich die türkisch-jüdische Geschichte, die sich über Jahrhunderte vor allem an den Küsten des Mittelmeeres abspielte. Sie wird heute fast ganz verdeckt von der Auseinandersetzung um den Judenstaat in Palästina.

Wer das alles nicht zusammendenkt, verliert jeden Ansatz zu einem Gespräch, wird zu einem voreiligen unkundigen Übersetzer zwischen den vorgefertigten Ansichten.

Auf der asiatischen Seite Istanbuls, in dem beschaulichen und muslimisch konservativen Stadtteil Üsküdar, gibt es einen Friedhof, genannt Bülbülderesi. Die meisten Menschen, die hier begraben sind, stammen aus Thessaloniki. Sie haben jüdische Vorfahren gehabt, und wer sich die Gräber genauer ansieht, erkennt den Unterschied zu einem islamischen Gräberfeld: zum Beispiel die kleinen Steine und Kiesel, die auf den Gräbern hinterlegt wurden.

Thessaloniki wurde in der modernen Türkei zu einem Synonym für den nationalistisch motivierten Antisemitismus, der mit Ressentiments vor allem gegenüber

Juden arbeitet, die zum Islam konvertiert sind. Sie wurden und werden verdächtigt, nur zum Schein Muslim geworden zu sein. Ist ein solcher Verdacht einmal in der Welt, sind der Fantasie keine Grenzen gesetzt. Fast alle Verschwörungstheorien, die in der Türkei kursieren, haben eine Pforte, die sich nach Thessaloniki richtet.

An den Sultan, der die Vorfahren osmanischer Juden Ende des 15. Jahrhunderts aus der Reconquista in Spanien rettete, indem er ihnen Asyl bot, erinnert man sich weniger. Und auch nicht daran, dass viele Juden aus Thessaloniki dasselbe Schicksal wie die muslimischen Bewohner der Stadt teilten. Sie wurden zu Flüchtlingen während und nach dem Balkankrieg 1913. Die Stadt wurde griechisch, und Istanbul nahm fast eine halbe Million Flüchtlinge aus dem Balkan auf. Das historische griechisch-türkisch-jüdische Thessaloniki ging unter.

Wir sprechen darüber nicht an unseren Schulen. Dann wundern wir uns über neuen Nationalismus und Antisemitismus unter den Jugendlichen.

Wenn heute, siebzig Jahre nach der Shoah, auf den Straßen Berlins arabische Jugendliche auf Menschen treffen, von denen sie meinen, sie seien Juden und somit per se ihr Feind, ist es ein Leichtes, das gesamte historisch gefestigte antisemitische Paket aufzuschnüren, um einen Täter und ein Opfer auszumachen. Die Lage aber wird damit nur zum Teil erfasst. Auf jeden Fall bleibt sie verworren. Durch Belehrungen und Infoabende lassen sich festgefahrene Einstellungen nicht ändern. Denn in ihnen begegnen sich oft nicht nur Anfeindungen, sondern auch Verletzungen. Wir haben mitten in unserer Gesellschaft einen überlieferten verknöcherten abendländischen Antisemitismus und die monströse Erinnerung an den Völkermord an den Juden. Wir haben aber auch einen am Nahostkonflikt geschärften arabischen Judenhass, der schon lange nicht mehr zwischen Juden und Israelis differenziert. Seit über einem halben Jahrhundert profilieren sich autoritäre Machthaber im Nahen Osten mit antijüdischen Ressentiments. Aber der Territorialkonflikt hat auch Leid anwachsen lassen. Erfahrungen einzelner Menschen und ihrer Nachkommen lassen sich nicht gegeneinander verrechnen. Wir haben auch Menschen unter uns, die Nachfahren von Vertriebenen sind. Manchmal stehen Nachfahren von Shoah-Opfern vertriebenen Palästinensern gegenüber. Niemand kann einem anderen Menschen sein Leid ausreden oder kleinreden. Die Türken versuchen so etwas gegenüber den vertriebenen und ermordeten Armeniern seit einem Jahrhundert, mit immer absurderen Folgen und einem inzwischen nicht mehr aufzuarbeitenden Schuldkomplex.

Manchmal wünscht man sich einen großen Schwamm, der all diese schrecklichen Dinge, die seit dem Ende des 19. Jahrhunderts passiert sind, mit einer Bewegung wegwischen könnte. Doch wäre damit nicht das Risiko erheblich größer, dass sie immer und immer wieder geschehen? Die Bewegungen der Menschen zueinander durch Migration eröffnen eben auch eine Chance. Man kann sich nicht mehr ausweichen, steht einander gegenüber, auf einmal nicht mehr auf dem

Schlachtfeld, sondern in einem Klassenzimmer mitten im öffentlichen Raum einer offenen Gesellschaft.

Halbe Sachen oder mehr als das Ganze

Ein bisschen deutsch, ein bisschen türkisch, so wird eine gelungene Integration oft beschrieben, und das Ganze in den vermeintlich griffigen Begriff deutsch-türkisch gepresst. In diesem Sinne bin ich nicht integriert, denn ich fühle mich sowohl als sehr deutsch wie auch als sehr türkisch. Ich mag keine halben Sachen. Und etwas Ganzes ist für mich ohnehin etwas anderes, das da üblicherweise nicht hineingehört, nicht vollständig. Das beginnt schon damit, dass ich mich in Deutschland nie fremd gefühlt habe und auch kein Gefühl der Fremde empfinde, wenn ich in der Türkei herumreise. Hat das vielleicht auch mit den beiden Sprachen zu tun, die mir Heimat und begrifflichen Unterstand bieten? Aber es geht ja nicht nur um Begriffe, die man in einem Wörterbuch nachschlagen kann. Es geht um den Klang, um Rhythmus, um Atemzüge. Die Sprache vergrößert das Territorium der Heimat.

Ja, man kann mit einer anderen Herkunft in Deutschland heimisch sein *und* eine andere Identität in sich tragen. Man kann auch als Mensch türkischer Herkunft diese Identität vertiefen, ohne die deutsche zu verlieren oder zu verunsichern. Nichts anderes leistet der Übersetzer, der zwei vermeintlich unvereinbare Sprachcodes miteinander verbindet. So erst entsteht Zweisprachigkeit, Bikulturalität. Die Doppelidentität hat mehr mit Musik zu tun als mit Soziologie. Zwei Töne treffen aufeinander und erzeugen einen neuen Klang. Aus diesem Klang entsteht die individuelle Musik des Lebens. Solche Lebensläufe zu fördern, wäre ein Anspruch an moderne offene Gesellschaften. Doch wie sehr fördern wir das in unserem Land, in Deutschland? Zweisprachigkeit wird nicht gefördert. Sie, die Fremdsprachler, sind bei uns nicht verwurzelt. Unser Denken fremdelt mit dieser Idee. Wir sehen in gelungener Integration in erster Linie die Schwächung der Herkunftsidentität, immer mit der vagen Hoffnung verbunden, die neue deutsche Identität möge es dadurch leichter haben, sei es auch nur, um sich ein bisschen zu etablieren. Oft werden dabei die Verhältnisse zwischen den Kulturen verklärt. Mal werden sie als Inspirationsquelle beschrieben, ein andermal als Quelle schwerer Krisen und Konflikte. In all diesen Beschreibungen steckt etwas Wahres, und doch gehen sie zu wenig auf die Möglichkeit ein, in der Tiefe hier und dort eine Verankerung zu suchen. Die Doppelbelastung einer deutschen und einer türkischen Identität ist auch eine Doppelchance. Aber keineswegs selbstverständlich.

Nicht nur die aufnehmende deutsche Gesellschaft hat dabei starre Identitätsmuster im Sinn. Auch die Einwanderer, speziell aus muslimischen Ländern, tun sich schwer, die Erfahrung einer doppelten Identität zu akzeptieren. Wird dadurch nicht die reine Lehre befleckt? Kann ein Muslim seinen Glauben ausleben und säkular denken, also Staat und Religion trennen? Ein säkularer Muslim erlebt seinen Glauben anders als ein Gläubiger, der sich an die Wurzeln seines Glaubens bindet und dabei Einflüsse von außen abwehrt. Er strebt eine monokulturelle Existenz an und bleibt so ein Mensch, der sich in eine einzige Sprache einsperrt. Die Verinnerlichung einer Doppelidentität kann nur das Ergebnis von Offenheit und Neugier sein. Und genau das sollte jedem Einwanderer abverlangt werden.

Einwanderer und Einheimische treffen sich in Deutschland viel zu selten auf der Höhe eines kulturell gefestigten Selbstbewusstseins, das die Herabsetzung des anderen nicht nötig hat. Stattdessen käme es darauf an, die geistigen Errungenschaften der anderen in den eigenen Kosmos zu integrieren. Die Fantasie bekommt eine Identität zugesprochen, die Grenzen überwindet und Mischfarben bildet. Erst durch eine »Begegnung auf Augenhöhe« ermöglicht Migration eine inspirierende Erfahrung.

Gelingende Integration schafft Schnittmengen, die in den Fokus rücken, und errichtet keine unüberwindlichen Mauern. Was können wir uns nach fast sechzig Jahren Migrationsgeschichte unter deutsch-türkischen Schnittmengen vorstellen? Schnittmengen zwischen Mitteleuropa und dem Balkan? Eine Stadt wie Sarajewo wäre ein Symbol dafür gewesen. Germanen, Slawen und Osmanen haben hier ihre Spuren hinterlasssen, tiefe Spuren in der Erinnerung, im kulturellen Bewusstsein, im Alltagleben. Bis 1992. Dann wurde scharf geschossen, vertrieben und gemordet. Der Jugoslawienkrieg war erst der Anfang eines wiedererstarkten Nationalismus, der die Schnittmengen auseinanderreißt und hohe Mauern an den Nahtstellen errichtet. Interessanterweise haben wir in Mitteleuropa diesen Krieg in Jugoslawien verdrängt und tun bis heute so, als wäre er ein Betriebsunfall der europäischen Nachkriegsgeschichte. Es bleibt zu hoffen, dass er nicht zur Folie für zukünftige Konflikte wird.

Ein Geburtstagsgruß

Die deutsche Industrienorm wird hundert Jahre alt. Dem öffentlich-rechtlichen Rundfunk ist das eine Sendung wert. Ein Ingenieur begründet die Notwendigkeit der Norm. Natürlich könne man sie auch außer Acht lassen und alles anders bemessen und formen. Nur würden sich binnen kurzer Zeit nicht unerhebliche Nachteile herausstellen.

Das Leben als Bauhaus, das Praktische im Vordergrund, manchmal nervig, aber selten zum Nachteil. Es gibt Gründe, warum Menschen ihr Leben in Deutschland verbringen wollen.

Doch das alles setzt auch eine Mentalitätsanpassung voraus. Das ist Schwerstarbeit. Ich finde, Deutschland sollte sich im Ausland mit DIN vorstellen: Deutsche Industrie-Norm.

Das schreckt manchen vielleicht mehr ab als Grenzzäune. Denn die DIN begleitet dich dein ganzes Leben, sie geht dir unter die Haut. Doch du wirst sehen, sie passt zu dir.

Herzlichen Glückwunsch zum hundertsten Geburtstag!

Epilog oder Was dem Redner einfällt

Manchmal staunt man, wenn man mitbekommt, wie ein gestandener Schriftsteller und Sprachmeister wie Uwe Tellkamp in eine Sprache verfällt, die nicht die seine ist. Es ist eine Sprache, die nur Oberfläche kennt, weil sie auf Äußeres reagiert und das Innere im Dunkeln lässt. Eine rhetorisch-publizistische Sprache der Behauptungen, der Abwehr und des Vorwurfs. So geschehen zu Beginn des Jahres 2018 in einer Debatte mit dem Lyriker Durs Grünbein in Dresden. Das Gespräch soll sich um Meinungsfreiheit drehen. Nein, es geht dieses Mal nicht um verhaftete Journalisten in der Türkei, in China oder gar um ermordete Kollegen in Russland oder der Slowakei. Es geht um das Deutschland des Jahres 2018. Tellkamp beklagte einen »Gesinnungskorridor«. 95 Prozent der Flüchtlinge seien nach Deutschland gekommen, um in das Sozialsystem einzuwandern. Keine Frage, es gibt einen Mainstream in den deutschen Medien, der solche Aussagen an den Rand schiebt. Ist das schon Unterdrückung? Verschwiegen werden diese Meinungen nicht. Sie werden bloß als falsch und tendenziös angeprangert. Ein Faktencheck bleibt aus. Denn der Streit darüber ist nicht zu schlichten. Die Tonlage von Uwe Tellkamp ist beleidigt und beschwörend. Ein überhebliches Beleidigtsein, das den Bildungsbürger auf unsicheres Terrain führt. Das ist jammerschade, denn diese unterschiedlich gefühlten Temperaturen der Freiheit in unserem Land könnten den Schriftsteller auch zu interessanten Fragen animieren, zu solchen Fragen etwa, wie sich Deutschsein heute überhaupt definieren lässt und warum es viel populärer und wohlfühliger ist, vom Ausland her nach Deutschland hineinzuschauen als in den deutschen Spiegel. Was macht uns für andere anziehend und für uns selbst so widersprüchlich, so ambivalent? Die Einwanderungsdebatte ist mehr eine Debatte über das deutsche Selbstwertgefühl als eine Quotenfrage. Doch von den Schriftstellern des Landes kommt selten ein wirklich tiefgreifendes Ausloten dieses Zustandes. Bei Tellkamp sind wir beim Thema Selbstwertgefühl vollkommen außerhalb des Literarischen angekommen.

Dabei ist er kein einsamer Rufer in der Wüste. Einige der besseren Schriftsteller des Landes tanzen ebenfalls auf den Schalen der plakativen Sprache, gelenkt von Empörung, die allenfalls politischen Pamphleten genügen kann. Die Bereitschaft, mit Andersdenkenden zu diskutieren, nimmt ab. Dabei ist diese Bereitschaft die Grundlage der freien Rede und der Denkfreiheit.

In einem Gespräch mit der *Berliner Zeitung* im April 2018 äußerte sich die Schriftstellerin Monika Maron, die einige der bedeutendsten Romane der letzten Jahrzehnte geschrieben hat. Ein Beispiel dafür, dass »der Islam sich in den Alltag hineinfrisst«, findet sie in den Kindergärten: »Das geht los mit dem Essen in Kindergärten, wo es kein Schweinefleisch mehr gibt.« Nun weiß man ja, dass kein Schweinefleisch zu essen, nicht nur ein muslimisches, sondern auch ein jüdisches Gebot ist. Neu dagegen ist der Gedanke, dass unser Land bedroht ist, wenn Schweinefleisch nicht mehr auf dem Speiseplan steht.

Ich kenne diese Sprache von der anderen Seite. Es ist die Sprache vieler Islamisten, die, ohne eine Tiefenwirkung ihrer Religion zu spüren, ganz genau wissen, wo die Verwerfungen unseres Gesellschaftslebens sind, wer an diesem und jenem schuld ist. Ja sicher, auch hier wird immer eine Rechnung aufgemacht, die Rechnung der Unterdrückten, der Zukurzgekommenen, der wehrlosen Minderheit. Ein allzu deutsches Gefühl, dieses Gefühl, im eigenen Land in der Minderheit zu sein. Doch nicht nur ein deutsches Gefühl. Für lange Zeit war es das Gefühl der strengen Muslime in der Türkei. Die Türkei, ein westliches, säkulares, islamisches Land, welch ein Widerspruch.

Aber genau entlang solcher Widersprüche lassen sich heute Identitäten vertiefen und erkennen. Erst eine solche Vertiefung lässt uns einander wieder begegnen. Egal ob als Angehörige zweier Völker oder unterschiedlicher Religionen und Kulturen. Gerade für mich, den Spross einer modernistisch orientierten Mutter und eines islamisch konservativ gebildeten Vaters, war und ist eine solche Vertiefung in die jeweiligen kulturellen Hintergründe unausweichlich. Ich habe davon durchaus profitiert, denn schon die Kulturlandschaft zu Hause war vieldeutig und oft mehrsprachig. Mein Denken hatte schon sehr früh seine Füße auf zwei Planeten.

An den Wurzeln ist jede Identität immer auch etwas Lyrik. *Etwas* Lyrik kann es aber gar nicht geben, es sei denn als Verballhornung des Lyrischen. Die Verballhornung der Identität als deutsche Romantik ist schlechte Lyrik. Gibt es auch gute? Oder sind alle guten deutschen Lyriker Kosmopoliten wie Goethe, deutsch-jüdisch inspiriert wie Heine oder außerhalb von Deutschland geboren wie Rilke? Keine Frage, Identität spielt für alle drei genannten Autoren eine herausragende Rolle, aber sie ist kein Wort aus einem Pamphlet, sondern ein wacher Gemütszustand, den das Ich vieldeutig zu reflektieren imstande ist. Würde Identität nur aus schlechter Lyrik wachsen, mit dem Dunklen tanzend, um Macht und Rätsel buhlend, könnte man sagen, dass sie keine Frage für die Dichter sei, eher eine für irrationale Schwärmer, die Dichtung mit der Verballhornung des Lyrischen verwechseln.

Was aber passiert bei Goethe, Heine, Rilke, Novalis und Bachmann? Die Liste ließe sich ins Endlose fortsetzen, sie reicht von Jahrhundert zu Jahrhundert und wird auch nicht von Kriegen und Revolutionen unterbrochen. Es handelt sich um die innere rote Linie der deutschen Identität, um die sich Sprache, Erinnerung, Traumfetzen ranken und einen lyrisch-musikalischen Sog entfalten.

Doch nicht jeder Mensch ist musikalisch. Weder im Sinne von Dichtung noch im Sinne von Religion. Wie machen sich dann Menschen verständlich, die sich bewusst oder unbewusst zur Internationale der musisch Empfindsamen zählen? In letzter Konsequenz sind sie Gläubige, die keinen Beweis führen wollen und einen solchen auch nicht antreten. Ich nenne sie »Immune«. Sie sind immun gegen die rohen Formeln unserer Gewissheiten. Sicher, man kann ihnen irrationales Denken vorwerfen, aber sind jene, die mit den Zahlen operieren, rational zu nennen?

Gläubige, die nicht das Trennende zwischen ihren Glaubensweisen in den Vordergrund stellen, haben mich immer fasziniert. Was hat sie bewogen, andere zu tolerieren, obwohl man ja zu seinem Glauben stehen muss, um gläubig zu sein? Oder kann man zweifeln und aus diesen Zweifeln Liebe und Anerkennung wachsen lassen, mehr, als jedes Toleranzedikt erlaubt? Ich glaube so etwas wie einen verinnerlichten Glauben erkennen zu können, die Musik der Wurzeln, die solche Sätze bildet wie »Weltpoesie allein ist Weltversöhnung«, einst formuliert von dem in der fränkischen Provinz geborenen genialen Dichter und Übersetzer Friedrich Rückert, der in seinem Erlanger Domizil die vielen Weltsprachen ins Deutsche holte, das Persische und das Arabische, das Türkische und auch das Sanskrit.

Er brauchte einen solchen naiven, in unseren nüchternen Zeiten gewagten Satz, um eine Grundlage für die Vertiefung seines Heimatbodens zu bilden. Hat dieser Satz diesen Boden schützen können, als er sich verschloss, verrohte, jeden Tiefgang verschmähend? Nein, und dennoch blieb er im Gedächtnis und erreichte mich, als ich meine eigenen Übersetzungen aus dem Türkischen fertigte, als Ansporn und Hoffnung. Drückte sich in dieser klaren und knappen Formel vom weltpoetischen Frieden nicht auch eine Sehnsucht aus, nach einer Ursprache der Menschheit, wie sie sich in den Religionen genau dann finden lässt, wenn Gott ganz intim zum Menschen spricht, zu ihm Du sagt?

Vielleicht brauchen wir Schriftsteller heute wieder mehr Naivität und Wagnis, um zu unserer Sprache zurückzufinden, die nun einmal ganz anders klingt als die nicht dialogische Sprache des Eifers und der Behauptungen, die sich jeder Dialektik versperren.